CHEVAUX au galop

Direction de la publication : Carine Girac-Marinier
Direction éditoriale : Julie Pelpel-Moulian
Direction artistique : Uli Meindl
Fabrication : Ombeline Canaud

Photos et illustrations : Shutterstock.com
Illustration page 14 : Olivier Verbrugghe
Textes des pages 20–21, 24–25, 36–37, 38–39, 42–43, 48–49, 50–51, 54–55, 66–67 : Béatrix Lot

Loi n°49-956 du 16 juillet 1949 sur les publications destinées à la jeunesse, modifiée par la loi n°2011-525 du 17 mai 2011.

ISBN : 978-2-03-600513-6

CHEVAUX
au galop

LAROUSSE

SOMMAIRE

UNE LONGUE HISTOIRE

Saviez-vous que tous les équidés actuels (le cheval, l'âne, le zèbre...) descendent du même petit mammifère forestier qui vécut il y a 54 millions d'années, l'Eohippus ? Il n'était pas plus grand qu'un renard ! Découvrez le fantastique chemin qu'il a parcouru...

De la forêt à la plaine

L'ancêtre du cheval est l'Eohippus, un mammifère qui vivait dans la forêt il y a environ 60 millions d'années, en Amérique du Nord. Il mesurait 30 à 50 cm et n'avait pas de sabots, mais trois doigts à chaque pied. L'Eohippus va progressivement évoluer et grandir pour donner naissance à deux autres espèces : le Mesohippus il y a 40 à 50 millions d'années, et le Merychippus il y a 20 à 25 millions d'années. Ce dernier continue son évolution vers un animal mieux adapté à la vie en plaine. Il s'est ensuite répandu en Asie, puis en Europe. Ses dents se modifient afin de brouter l'herbe, sa vision s'élargit pour atteindre une meilleure détection des prédateurs dans toutes les directions et ses doigts évoluent vers un sabot unique, plus adapté aux terrains accidentés.

L'Equus caballus

L'ancêtre des chevaux et poneys actuels est l'Equus caballus, apparu il y a moins d'un million d'années sur le continent Europe-Asie. Il y a 30 000 à 13 000 ans, il a fait l'objet de nombreuses représentations rupestres en France (grotte Chauvet et grotte de Lascaux par exemple) et en Espagne (Altamira). L'Equus caballus va ensuite migrer vers les Amériques et vers l'Afrique. Son évolution a donné naissance au zèbre et à l'âne. L'espèce a disparu du continent américain il y a environ 8 000 ans.

Eohippus — Mesohippus — Merychippus

Tarpan

Cheval de Przewalski

Trois sous-espèces sont apparues à la suite de l'évolution de l'Equus caballus :

- le cheval des plaines d'Europe centrale, ancêtre des chevaux actuels ;
- l'Equus caballus Przewalski appelé aussi « cheval de Przewalski », dernière espèce de cheval sauvage qui vit actuellement. Son territoire d'origine est la Mongolie ;
- l'Equus caballus Gmelini, dont descend le Tarpan, aujourd'hui disparu.

Pliohippus

Cheval actuel

Le meilleur ami de l'homme

Lorsque le cheval a cessé d'être un gibier pour l'homme et qu'il a commencé à être exploité pour le transport agricole, c'est l'histoire de l'humanité tout entière qui a été bouleversée. Le cheval a contribué à développer largement les

La domestication du cheval

La date de la domestication du cheval est sujette à controverses. On sait que, vers 3 500 ans avant J.- C., des chevaux étaient domestiqués dans les steppes d'Asie centrale. En effet, dans le nord du Kazakhstan, des mors en bois de cerf ont été retrouvés, et sur les dents de cheval retrouvées, des traces d'usure provoquées par ces mors ont pu être identifiées. Des traces de lait de jument ont été décelées sur des éléments de poterie. Le cheval serait l'un des derniers animaux à avoir été domestiqué, au Néolithique, après le chien, le mouton, la vache ou encore le cochon.

échanges, à conquérir de nouveaux territoires, à perfectionner le labourage des champs et à révolutionner l'agriculture elle-même. À l'âge du fer, la domestication s'est poursuivie, développant encore les avantages qu'offre le cheval. C'est aussi l'époque où le cheval est devenu un signe de puissance, et celle où il est entré dans l'imaginaire fantastique.

Les chevaux sauvages

Progressivement, les chevaux sauvages ont élu domicile dans des zones à l'écart des hommes, comme les forêts d'Europe de l'Est ou les grandes étendues sauvages d'Asie. Les derniers Tarpans sauvages se sont éteints à la fin du XIXe siècle et le cheval de Przewalski, redécouvert en Mongolie en 1879, n'est plus visible aujourd'hui que dans des réserves. Certains chevaux, cependant, par exemple les mustangs d'Amérique du Nord, vivent en totale indépendance de l'homme ; ce ne sont pas des chevaux sauvages à proprement parler, mais les descendants d'individus domestiques échappés et redevenus sauvages (ils sont appelés « chevaux féraux »).

L'ANATOMIE DU CHEVAL

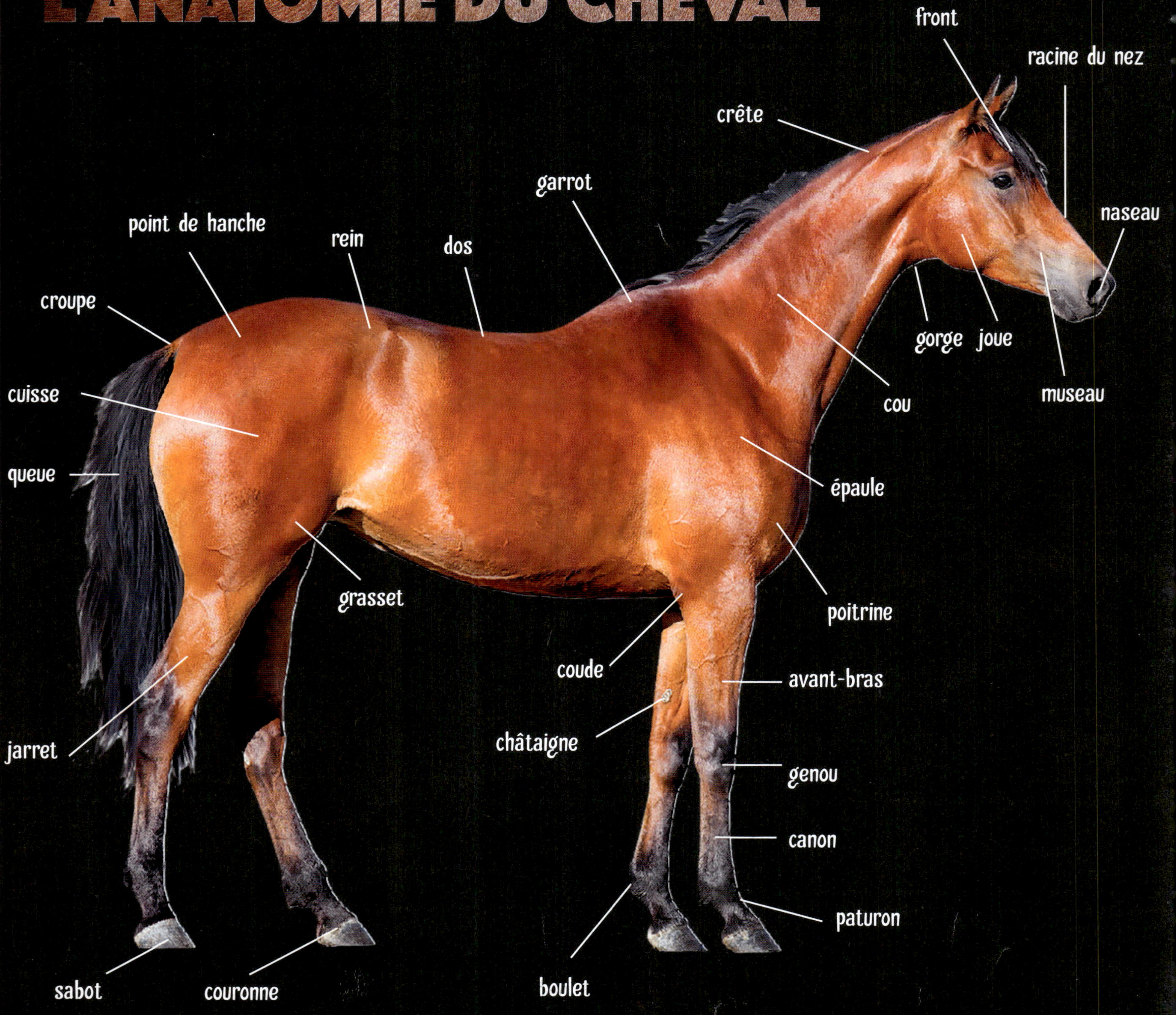

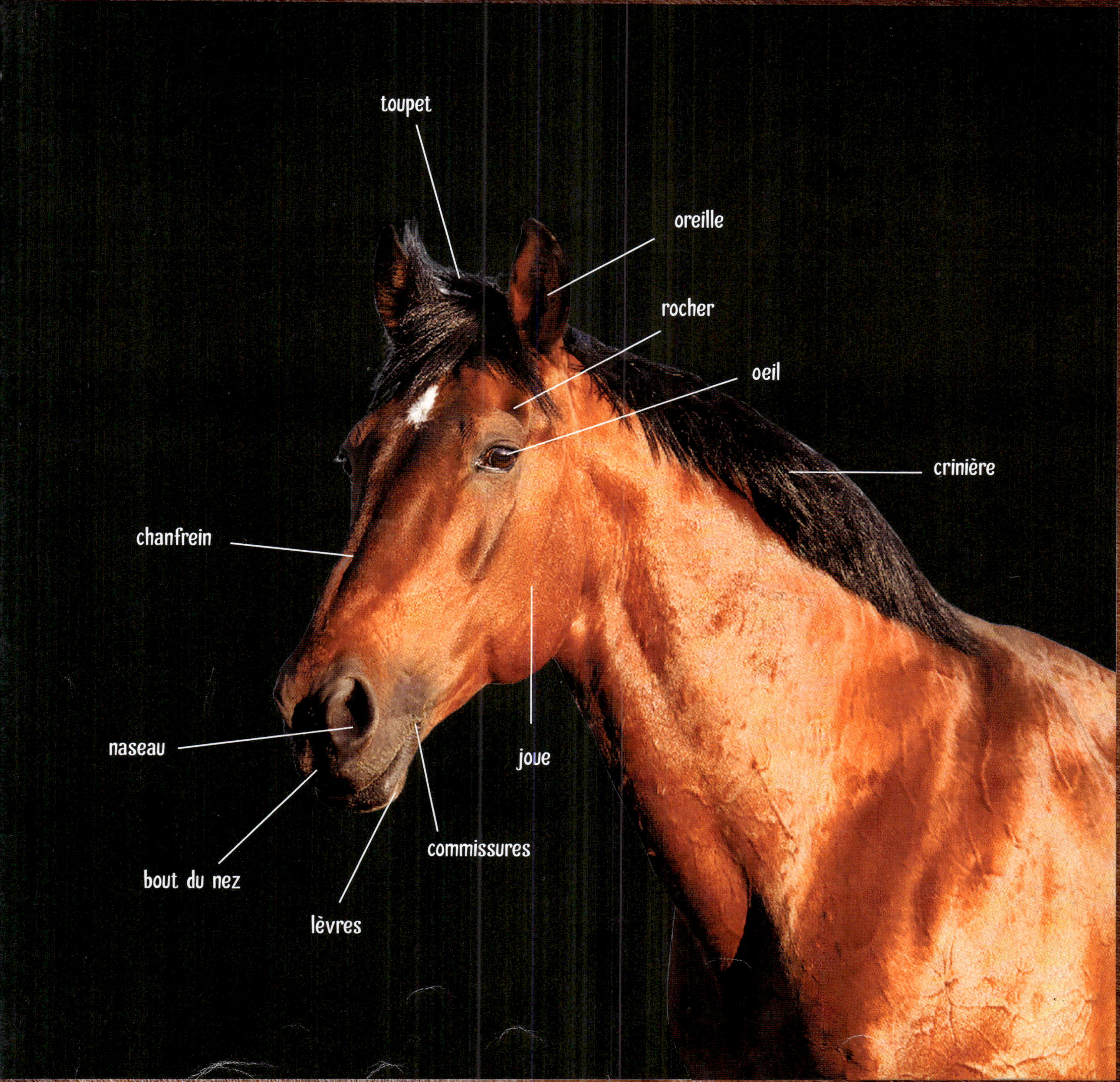
toupet
oreille
rocher
oeil
crinière
chanfrein
joue
naseau
commissures
bout du nez
lèvres

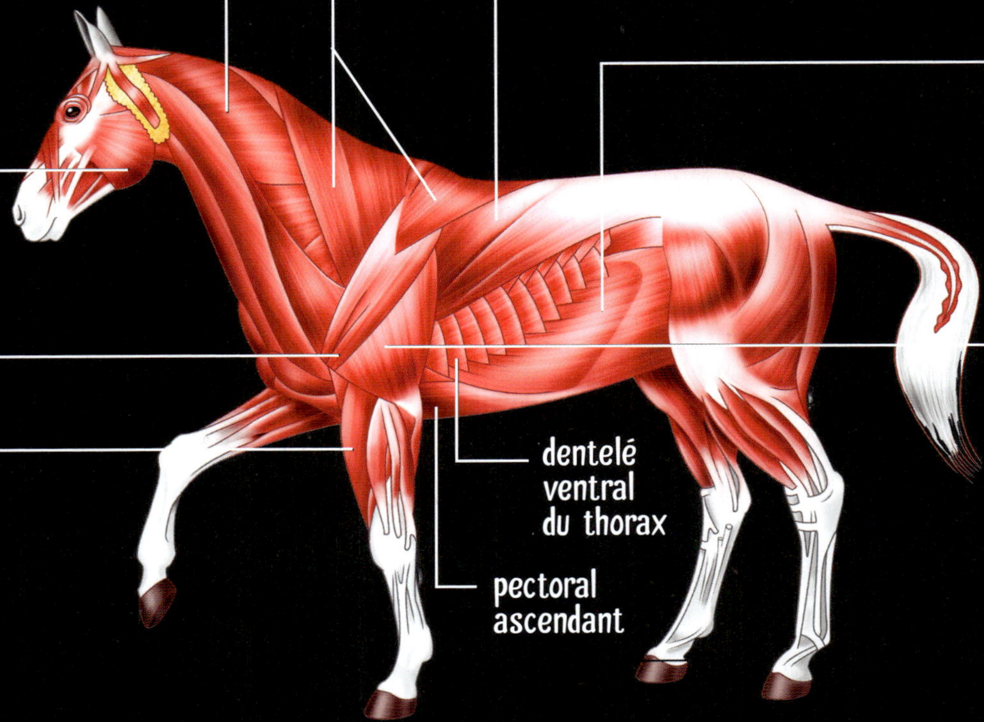
trapèzes
splénius
grand dorsal
oblique externe
masséter
sterno-
céphalique
deltoïde
triceps brachial
extenseur
du carpe
dentelé
ventral
du thorax
pectoral
ascendant

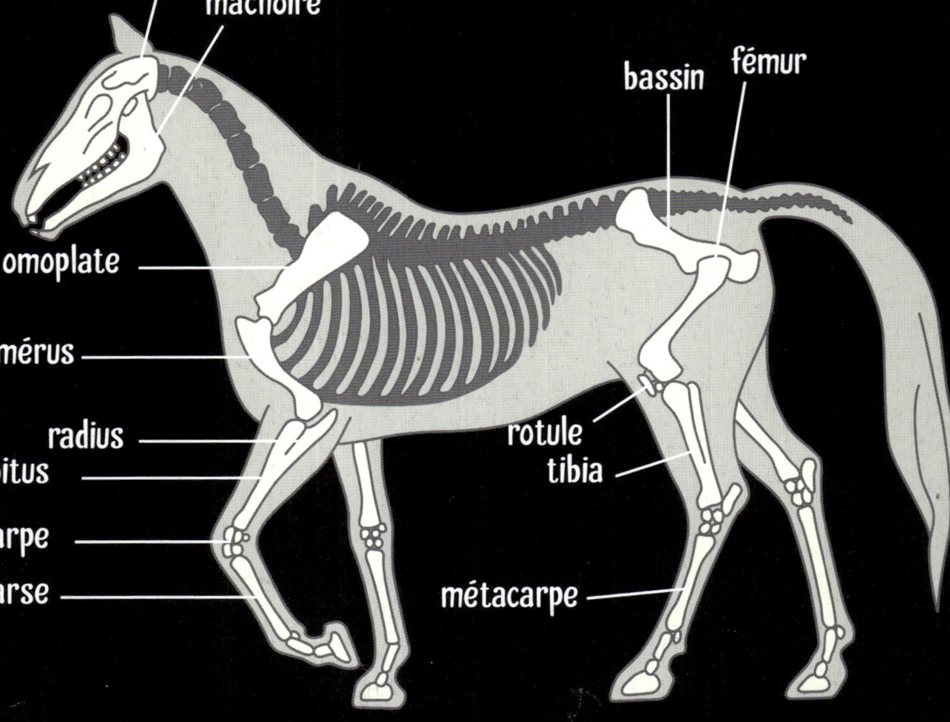
crâne
mâchoire
bassin
fémur
omoplate
humérus
radius
cubitus
rotule
tibia
carpe
métatarse
métacarpe

PAS DE PIED, PAS DE CHEVAL !

Le cheval partage avec les autres membres du genre *Equus*, l'âne et le zèbre, la même morphologie complexe du pied, qui les distingue de leurs ancêtres équidés.

Très sollicité, le pied du cheval, surtout lorsqu'il est utilisé par l'homme, peut être atteint de pathologies, et doit faire l'objet de soins constants incluant le ferrage, le parage, le graissage ou encore la douche, ce qui justifie l'expression « pas de pied, pas de cheval ! ».

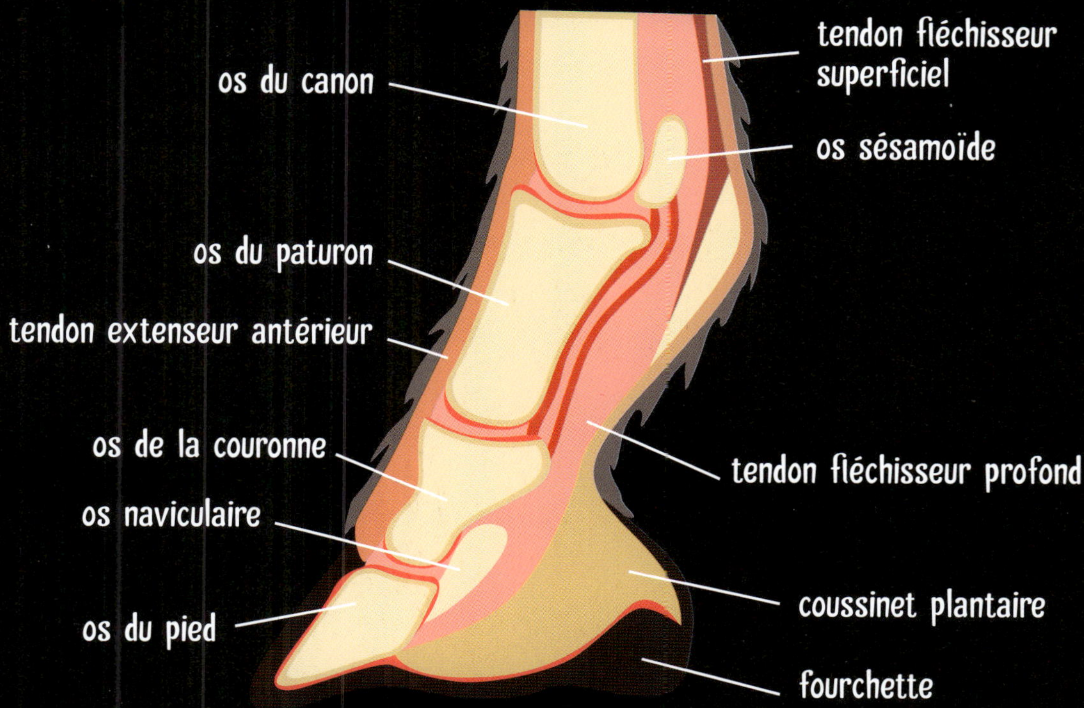

LES MEMBRES ANTÉRIEURS DES MAMMIFÈRES

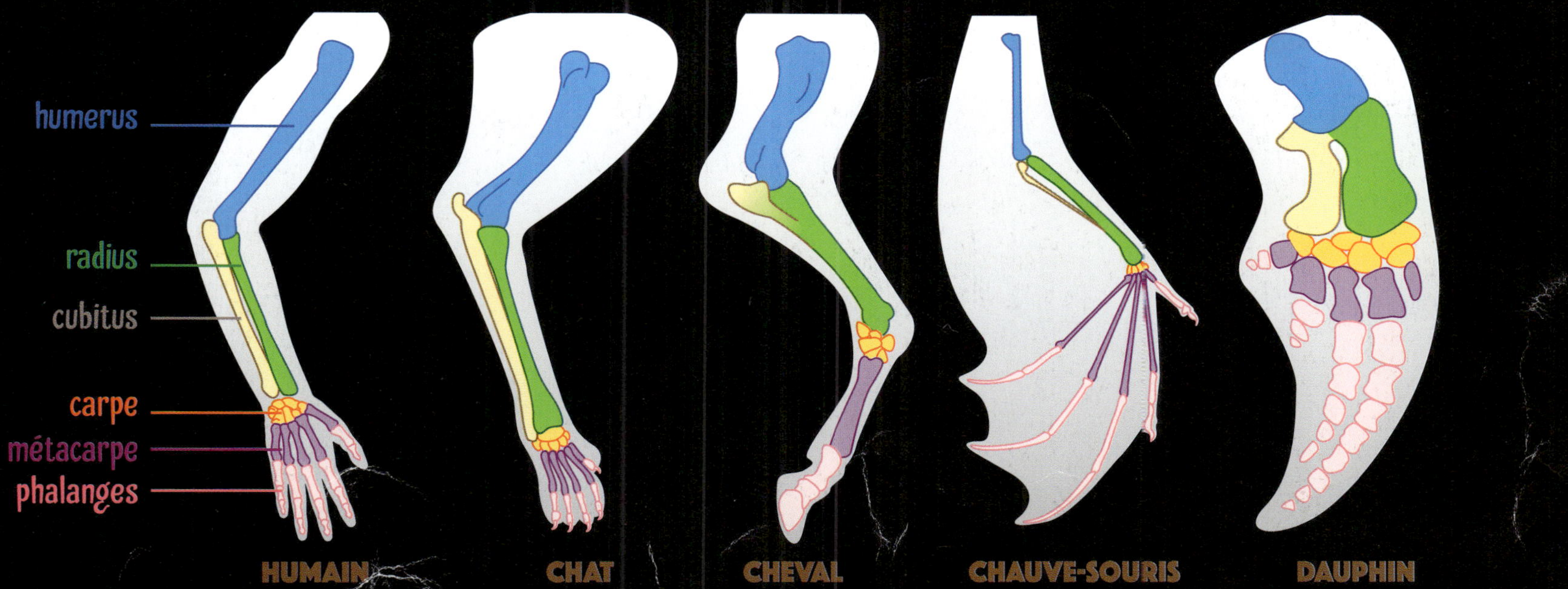

LA GESTATION

La durée de la gestation chez la jument est d'environ 11 mois, soit 330 jours. C'est entre l'homme (280 jours en moyenne) et la baleine (336 jours) ! La mise bas a lieu au printemps, ce qui permet de profiter le plus possible d'une herbe riche et abondante, suffisante pour subvenir aux besoins de la jument allaitante.

La phase embryonnaire

Le diagnostic de grossesse peut être fait par échographie dès le 14e jour. Le début de la gestation (phase embryonnaire) est caractérisé par une multiplication cellulaire importante. Les tissus et les organes du poulain sont en pleine constitution, ils se différencient et se mettent en place. Cette phase se termine vers 40 jours de gestation. On ne parle ensuite plus d'embryon, mais de fœtus.

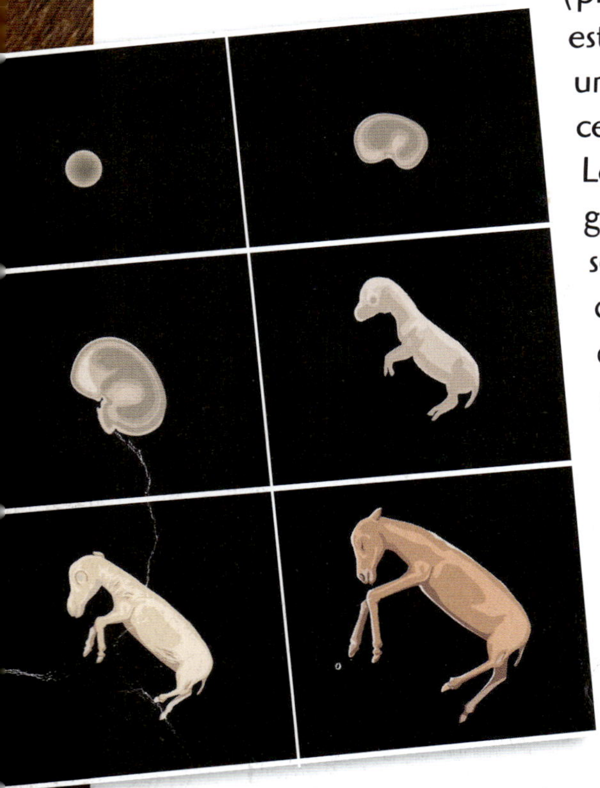

La croissance

Entre 2 et 6 mois, la croissance proprement dite commence, et la différenciation des tissus amorcée précédemment se poursuit et s'achève. À la fin de ce stade, le fœtus du poulain mesure environ 50 cm et pèse environ 5 kg.

La fin de la gestation

Du 6e mois à la naissance, l'accroissement des cellules devient progressivement prépondérant sur leur multiplication. Plus de 50 % du poids de naissance du poulain est obtenu au cours des 10e et 11e mois. À partir du 7e mois, on considère que l'on est en fin de gestation : les besoins du poulain augmentent considérablement. Au moment de la mise bas, le poulain pèsera environ 50 kg et mesurera plus d'1 mètre ! Les besoins en nutriments de la jument augmentent surtout lors des trois derniers mois. Il est alors nécessaire de lui apporter un complément alimentaire adapté. Durant l'hiver, un léger amaigrissement de la jument gestante n'est pas préjudiciable au bon développement du futur poulain.

La surveillance de la jument gestante

La prise de poids de la jument est importante au cours des trois derniers mois : elle peut représenter jusqu'à 8 % de son poids, soit presque 50 kg pour une jument de 550 kg ! Il est important de surveiller l'état corporel de la jument au cours de la gestation pour qu'au moment du poulinage, elle ne soit ni trop grosse (le surpoids peut être problématique pour la mise bas et la production de lait), ni trop maigre (la jument peut avoir des difficultés à refaire ses réserves en cours de lactation). C'est aussi important pour préparer au mieux sa lactation et sa fertilité, en vue d'éventuelles autres gestations à venir.

Grossesse à risque !

En règle générale, la jument donne naissance à un seul poulain, mais il peut arriver (dans moins de 20 % des cas) qu'une jument donne naissance à deux petits. Ce genre de gestation dite « gémellaire » n'est pas sans risque. Les interventions vétérinaires sont nécessaires puisque la future mère n'est généralement pas en état de mener sa gestation à terme. On observe beaucoup d'avortements entre le 6e et le 9e mois de gestation, peu de poulains jumeaux survivent.

LE POULINAGE

À partir du 320e jour de gestation, la jument est susceptible de mettre bas. Il y a peu de signes annonciateurs, mais on observe souvent quelques jours avant l'heureux événement un gonflement des mamelles et une certaine nervosité chez la jument, qui cherche à s'isoler.

Les premières minutes

Immédiatement après l'expulsion, le poulain est débarrassé de l'enveloppe qui l'entourait dans le ventre de la mère (l'amnios) par le léchage de la jument. Ses voies respiratoires sont encombrées de liquide, elles doivent être dégagées en maintenant la tête en contre bas. On peut stimuler la respiration en excitant les naseaux, en tirant sur la langue et en frictionnant les côtes. Place ensuite à une grande séance de reconnaissance entre la mère et le petit, grâce aux reniflements et au léchage.

La mise bas

La jument pouline le plus souvent debout, mais peut le faire couchée. L'expulsion se fait assez rapidement : elle dure 5 à 30 minutes. La naissance commence par la perte du liquide amniotique. Au cours d'un poulinage normal, la tête et les pattes avant apparaissent en premier. Viennent ensuite l'encolure, le corps et les pattes arrière. Le cordon ombilical se rompt naturellement à la sortie du poulain. Si la rupture n'a pas eu lieu, la jument mâche le cordon et le coupe.

Un poulain de race Appazon, à trois mois. Il est déjà robuste !

Les soins au nouveau-né

Un poulain nouveau-né est fragile et doit être surveillé toutes les 2 heures. Il faut observer attentivement sa posture et sa vitalité, et contrôler sa température (elle doit être autour de 38 °C), ses selles (si le poulain n'expulse pas ses premières selles, ou « méconium », qui sont les excréments accumulés durant la vie fœtale, il faut contacter le vétérinaire) et sa respiration. L'examen quotidien du nombril du poulain est également conseillé : il permet de détecter rapidement une infection ou une anomalie. Il ne faut pas immédiatement aider le poulain à se lever. S'il n'est pas debout environ 3 heures après sa naissance, une intervention peut être nécessaire.

Le sevrage

À l'état naturel, le sevrage du poulain a lieu vers 10 mois, lorsque la jument est à nouveau prête à mettre bas. Le poulain arrête alors de téter, mais il reste avec sa mère jusqu'à sa maturité sexuelle, qui intervient entre 2 et 3 ans. En élevage, les poulains sont généralement séparés de leur mère vers 5 ou 6 mois, c'est donc le moment du sevrage. Les besoins du poulain à 6 mois sont ceux d'un cheval adulte en termes de contacts sociaux, d'alimentation (elle est quasi continue avec du fourrage à volonté) et de liberté de mouvement. Le sevrage artificiel entraîne souvent un stress d'ordre alimentaire et émotionnel chez le poulain, il faut donc procéder très progressivement.

La lactation

À la naissance, le poulain n'a aucune immunité. Dans les 12 heures qui suivent la mise bas, il va puiser de quoi se construire une immunité dans le premier lait de la mère : le colostrum. Il est donc important de veiller à ce que le poulain puisse se lever et téter rapidement. Si ce n'est pas le cas, une intervention humaine est nécessaire. Le poulain doit impérativement consommer du colostrum dans les 48 heures qui suivent sa naissance ou sa santé sera gravement altérée (il risque même de ne pas survivre).

LE SAVIEZ-VOUS ?

C'est au troisième mois que la jument allaitante produit le plus de lait, une jument de 400 kg produit par exemple quotidiennement 8 à 14 litres de lait.

Telle mère, tels fils

Le comportement de la jument détermine largement celui de son poulain. Un lien très fort unit le petit à sa mère, qui constitue un modèle social pour le poulain. Il a donc tendance à se comporter de la même façon que sa mère, et ce dans de multiples domaines : les préférences alimentaires (notamment l'évitement des plantes toxiques), les préférences sociales, l'émotivité, le comportement exploratoire. L'influence maternelle s'exerce aussi dans le domaine de la relation à l'humain : le poulain d'une jument qui vit des interactions positives avec l'homme s'en approchera de lui-même.

La croissance

À la naissance, le poulain représente 10 % du poids de sa mère. Dès la fin du premier mois, le poulain aura doublé son poids, et jusqu'au 3e mois il prend en moyenne 1,5 à 2 kg par jour. Entre 3 et 6 mois, le rythme de croissance ralentit, le ralentissement est plus ou moins sensible selon la quantité de compléments qu'il reçoit. La lactation diminue, et le poulain atteint la moitié de sa croissance, soit environ 5 fois son poids de naissance. À 18 mois, le poulain atteint 80 % de son poids adulte.

LE DÉBOURRAGE

Côtoyer les hommes et être monté ne va pas de soi pour le cheval. Pour bâtir une relation harmonieuse et solide, le débourrage est un passage obligé et essentiel, à initier dès les 3 ans du cheval.

Le grand jour

Généralement, le débourrage du cheval se déroule vers l'âge de 3 ans. C'est une étape cruciale dans la relation du cheval à l'homme. Il permet de faire accepter au cheval la contrainte de la selle, du cavalier sur son dos et du mors dans sa bouche. Les clés de la réussite sont la confiance, la complicité et la communication. C'est de cette expérience que naît le couple cavalier-cheval. Tout doit se passer en douceur.

Le travail à pied

Le débourrage démarre à pied et dans un environnement familier pour permettre au cheval d'être le plus détendu possible. Le travail à pied permet de créer un lien avec le cheval, de lui apprendre à se laisser mener et manipuler facilement par l'homme. Il est particulièrement utile si le cheval se montre très méfiant et s'il n'a pas été en contact avec l'humain dans sa jeunesse.

Lors de cette première étape, le cavalier doit chercher à comprendre le cheval, mais aussi à observer son comportement. Il faut apprendre à « lire » son cheval pour savoir s'il est détendu, stressé ou en colère. C'est à partir de cette base de travail à pied rassurante que tout le reste va devenir possible.

La désensibilisation

Cette deuxième étape est abordée une fois que les exercices à pied ont bien été assimilés.
Pour habituer le cheval progressivement au matériel puis au poids du cavalier, il est utile de commencer par ce qu'il connaît déjà, donc le travail à pied et en longe, puis d'introduire une seule nouveauté à la fois. Il est important de ne pas brûler les étapes !
L'objectif est d'avoir un cheval calme, disponible et serein malgré la présence du matériel, puis celle du cavalier. Lorsqu'il ne réagit plus à ces éléments, lorsqu'il ne se contracte plus et qu'il ne s'inquiète plus, on peut considérer que la phase d'habituation est terminée.

Séance de désensibilisation du cheval à la bâche

Le poids du cavalier

Avoir un cavalier sur le dos est loin d'être naturel pour le cheval. Il est donc conseillé au cavalier de se faire aider par une autre personne pour se hisser le plus discrètement possible sur le dos du cheval, afin qu'il n'ait pas trop peur.

Le langage des aides

Lorsque le cheval accepte matériel et cavalier, le débourrage n'est pas pour autant terminé ! Il faut lui apprendre le langage des aides, pour ensuite évoluer seul à cheval en toute sécurité. Les codes vocaux utilisés lors du travail en longe vont vous permettre d'associer le code vocal de l'allure souhaitée avec le code tactile des jambes ou des mains.
À partir du moment où le cheval peut être monté aux trois allures, s'arrêter et tourner, on considère que le débourrage est terminé !

LE SAVIEZ-VOUS ?

On appelle « aides » les moyens de communication entre le cheval et son cavalier. Elles permettent aux cavaliers de faire comprendre au cheval ce qu'il attend de lui : action de jambes, de mains, claquements de langue...

LE DRESSAGE

Que l'on soit cavalier virtuose ou débutant, apprendre le dressage est indispensable ! Base de la relation entre l'homme et le cheval, cette discipline permet d'améliorer la souplesse et la musculature des chevaux tout en mettant en avant leur élégance !

La base de l'équitation

Nombreux sont les cavaliers qui pensent que le dressage est ennuyeux, répétitif et trop contraignant pour le cheval. Or cette discipline est la base de l'équitation et assure la sécurité du cavalier. C'est le fondement de tout travail avec l'animal. Elle rend le cheval agréable à monter et permet de développer sa musculature afin que le poids du cavalier ait une moindre incidence sur ses déplacements.

Un art équestre

Discipline olympique, le dressage met en avant le duo cheval-cavalier. La haute école est l'expression de l'art équestre ! Elle met en lumière les allures naturelles du cheval et exige autant de tact que de talent. Le dressage résulte de siècles de recherches ! Le cavalier qui le pratique à haut niveau doit connaître l'usage des aides, celui des différentes parties du corps du cheval et sa psychologie.

LE SAVIEZ-VOUS ?

L'école du Cadre noir de Saumur s'appelle ainsi en référence à la tenue noire des écuyers.

Les concours de dressage

Le programme sur lequel se disputent les compétitions s'appelle la reprise de dressage. Elle comporte soit des figures imposées, soit des figures libres, que le couple doit présenter sur une piste en sable rectangulaire, balisée par des lettres. L'enchaînement dure 5 à 8 minutes. La reprise est observée scrupuleusement par des juges, qui notent le ccuple cavalier-cheval selon différents critères. Le gagnant est celui qui obtient la meilleure moyenne.

Le Cadre noir de Saumur

À Saumur, Louis XVIII a créé une école des troupes à cheval. Son objectif : former d'excellents cavaliers pour dresser les chevaux à usage militaire. En 1825, Charles X la rebaptise l'« École royale de cavalerie », qui deviendra le fameux « Cadre noir ». Au fil du temps, la cavalerie se mécanise au profit de véhicules blindés, laissant ainsi les chevaux en dehors des affaires militaires. Les sports équestres font leur apparition et l'École royale de cavalerie devient l'« École nationale d'équitation ». Elle forme des cavaliers de haut niveau pour les disciplines olympiques !

LE SAVIEZ-VOUS ?

La carrière de dressage est un rectangle nommé le « carré ». Elle fait 20 x 60 mètres pour les compétitions internationales et 20 x 40 mètres pour les autres.

Un carré de dressage de 20 x 60 mètres

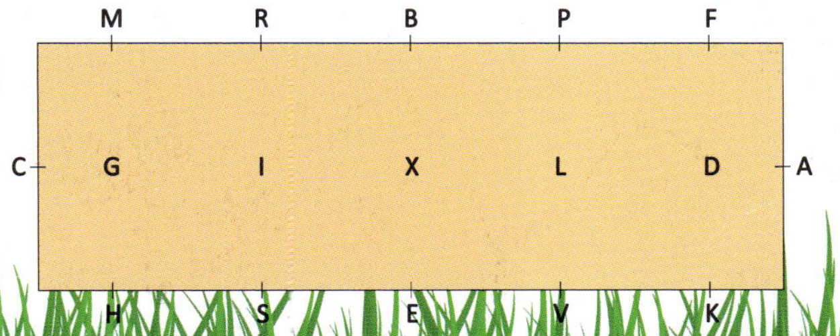

PRÊT POUR LA RANDO ?

Randonner à cheval peut être une merveilleuse expérience pour le cavalier comme pour le cheval, mais il faut préparer le départ et prendre certaines précautions tout au long du voyage.

Randonner à cheval

Pour les passionnés de la nature et de l'équitation, la randonnée à cheval est une autre façon de découvrir la France et d'autres pays. Contrairement à la balade, qui peut être pratiquée par des cavaliers peu expérimentés, la randonnée équestre demande beaucoup plus d'expérience. Elle s'étale sur plusieurs jours, tandis que la balade dure 3 heures maximum. De plus, il faut être capable de gérer sa monture aux trois allures et de s'occuper correctement de son cheval durant tout le périple !

Bien s'équiper

En randonnée, le cavalier monte avec une selle confortable équipée de sacoches pour ses affaires. Il emporte avec lui une trousse de secours, du matériel de pansage, une carte plastifiée... Le téléphone portable est indispensable : en cas de problème, il faut pouvoir joindre les secours rapidement ! Il ne faut pas oublier de placer un licol sous le filet pour pouvoir attacher son cheval à chaque pause. La longe peut être nouée autour de l'encolure ou rangée dans une sacoche.

Le cheval idéal

Pour partir en randonnée à cheval, il est préférable de choisir une monture qui n'a pas peur de sortir en extérieur. Elle doit être familiarisée avec les éléments du monde extérieur comme les engins motorisés, les vélos, les gués, les ponts, les passages à niveau ou encore les sacs plastiques qui s'envolent. En plus d'avoir une âme d'aventurier, le cheval de randonnée doit être sociable : partir en randonnée rime avec groupe !

Enfin, pour faire une randonnée équestre, il est indispensable que le cheval soit en pleine forme et pas trop âgé. Une race rustique qui peut parcourir des distances sans se fatiguer est idéale !

Conseils aux cavaliers

Pendant une randonnée à cheval, il y a parfois des portions de route goudronnée. Dans ce cas, il faut respecter quelques consignes :

- respecter la distance de sécurité entre chaque cheval ;
- se suivre en file indienne ;
- se placer à droite ;
- avancer au pas.

Pour traverser une route, le groupe se positionne en bataille. Quand la voie de circulation le permet, il traverse.

Une petite pause

Les pauses sont essentielles pour que tout le monde puisse se détendre et récupérer. Le bien-être du cheval passe toujours en premier ! Lors d'une courte pause, on installe une ligne d'attache entre deux arbres. Elle permet d'attacher les chevaux pour qu'ils puissent brouter tranquillement. Attention à ne pas les attacher trop long car ils risqueraient de se prendre les pieds dans la longe !

La pause est le moment idéal pour proposer à boire au cheval, dessangler et vérifier qu'il n'est pas blessé. S'il fait frais ou humide, le cavalier peut couvrir son cheval pour éviter qu'il attrape froid.

Camper près de son cheval

Lors de grandes randonnées, les cavaliers passent généralement la nuit dans un gîte d'étape pour chevaux ou un centre équestre. Il arrive que certains campings non spécialisés accueillent les randonneurs et mettent un champ à disposition pour les chevaux.

LE PANSAGE

Avant et après chaque séance de travail, le cavalier, muni de ses brosses, nettoie son cheval et vérifie qu'il n'a pas de blessures : c'est ce qu'on appelle « le pansage ».

Un moment privilégié

Les soins apportés au cheval sont une preuve d'attention et une source de bien-être pour lui. Lors de ce moment privilégié, le cavalier apprend à connaître sa monture. Les brosses massent le cheval et permettent d'établir une relation de confiance entre le cheval et son cavalier.

Les étapes du pansage

Le pansage d'un cheval est composé de plusieurs étapes, chaque brosse correspondant à une étape différente.

1. L'**étrille** enlève les poils morts et la plus grosse partie de la saleté. Elle se passe en faisant des cercles sur tout le corps du cheval.

2. Le **bouchon**, aussi appelé « brosse dure », enlève la poussière que l'étrille n'a pas enlevée. Il se passe dans le sens du poil. Attention, il ne faut pas le passer sur la tête car il est trop rigide !

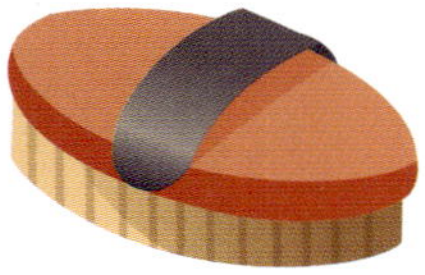

3 La **brosse douce** retire la poussière la plus fine. Elle peut se passer sur tout le corps, même la tête ! Elle permet de lustrer la robe du cheval.

4 La **brosse à crin** permet de démêler la crinière, le toupet et la queue. Le cavalier peut aussi vaporiser un démêlant sur la queue du cheval, qui est souvent plus difficile à démêler.

5 Ensuite, il faut nettoyer les pieds. C'est l'étape la plus importante. Le **cure-pieds** permet d'enlever les cailloux, la paille et le crottin qui sont coincés sous les pieds du cheval. Le curage des pieds est un geste technique que tous les jeunes cavaliers apprennent dès le début de leurs cours d'équitation !

6 Pour terminer le pansage, le cavalier nettoie les narines et le contour des yeux du cheval avec une **éponge humide**. Certains chevaux n'apprécient pas cette étape, il faut être très délicat.

Le conseil aux cavaliers

Attention, ne vaporisez pas de démêlant sur la crinière de votre cheval En effet, si vous avez besoin de vous agripper aux crins, vous ne pourrez pas car ils glisseront !

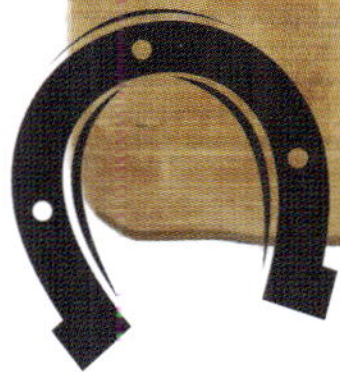

À la douche !

Lorsqu'il fait très chaud, le cavalier peut doucher son cheval avec un shampoing spécifique pour chevaux. Une fois la douche terminée, il faut sécher le cheval à l'aide d'un couteau de chaleur et d'une serviette.

LE SAVIEZ-VOUS ?

Le couteau de chaleur est un outil permettant d'enlever l'excédent d'eau sur le corps du cheval. Il peut être en métal ou en plastique et s'utilise toujours dans le sens du poil. Il ne faut pas le passer sur la tête ni sur les membres car il pourrait blesser le cheval.

LA TONTE

La tonte du cheval est une opération qui peut s'avérer un peu stressante pour le cavalier comme pour le cheval, surtout les premières fois. Pourtant, tondre son cheval est le plus souvent bénéfique, notamment si le cheval travaille et transpire beaucoup.

Pourquoi faut-il tondre les chevaux ?

Dès la fin de l'été, le poil du cheval devient de plus en plus épais pour le protéger du froid. Mais lorsqu'il travaille régulièrement, il vaut mieux l'entretenir soigneusement et le tondre. Plus les poils du cheval sont longs, plus la transpiration met du temps à sécher. À cause de l'épaisseur de leur poil ou de leur rythme de travail, certains chevaux doivent être tondus trois, voire quatre fois dans l'année !

Bien au chaud !

Lorsqu'on tond un cheval, c'est comme si on lui enlevait son manteau d'hiver. Il sèche plus rapidement après l'effort, mais il peut aussi attraper froid plus facilement. Pour le maintenir au chaud, les cavaliers mettent des couvertures sur le dos de leur cheval. Elles remplacent leur manteau d'hiver ! On peut utiliser une couverture, un couvre-cou ou un protège épaules.

Brrrr... La tondeuse !

Certains chevaux ont peur de la tondeuse. Avant de passer à l'action, il faut habituer son cheval au bruit et à la sensation qu'elle provoque. Il arrive parfois que les cavaliers mettent des bouchons d'oreilles à leur cheval pour ne pas l'effrayer !

Les différentes tontes

Différentes tontes sont possibles selon le mode de vie, la sensibilité au froid et l'activité du cheval. Un cheval qui vit au pré et qui travaille peu sera tondu différemment d'un cheval qui vit au box et qui travaille tous les jours. Pour tondre un cheval, on prend en compte les parties de son corps où il transpire le plus : l'encolure, le ventre et le poitrail. Cependant, certains chevaux de sport sont tondus entièrement. Ils doivent donc obligatoirement porter une couverture !

Le conseil aux cavaliers

Lorsque les nuits commencent à être fraîches, vous pouvez couvrir votre cheval. Cela va limiter la pousse des poils d'hiver. Choisissez l'épaisseur de la couverture en fonction des températures ! Plus il fait froid, plus la couverture doit être épaisse et chaude.

Le matériel

Une tondeuse spéciale destinée aux chevaux est nécessaire. On tond toujours dans le sens inverse du poil. Sinon, gare aux coupures ! Attention, si la tondeuse endommage les crins, le cavalier est obligé de tondre l'ensemble de la crinière. Sinon, ils repousseront dans tous les sens !

LE SAVIEZ-VOUS ?

Le cheval change de poils tous les 6 mois ! On parle de robe d'été et de robe d'hiver. La robe d'été est plus brillante et moins épaisse que la robe d'hiver. Selon les races, la pousse du poil est différente : un poney aura une épaisseur de poil plus importante qu'un pur-sang.

UNE HISTOIRE DE FER

Les chevaux domestiques portent des fers depuis plus de 2 000 ans. Le maréchal-ferrant exerce donc aussi depuis plus de 2000 ans un métier de la plus haute importance...
On raconte que, les Grecs ne connaissant pas la ferrure, les opérations militaires de cavalerie d'Alexandre le Grand ont dû être plusieurs fois interrompues pour permettre aux chevaux de reformer la corne de leurs sabots.

Le rôle du maréchal-ferrant

Le maréchal-ferrant a pour mission d'entretenir et de soigner les pieds des chevaux. La corne du sabot pousse toutes les 5 à 8 semaines. Le maréchal-ferrant intervient donc régulièrement pour réaliser de belles chaussures sur mesure à chaque cheval ! Parfois, il travaille en collaboration avec le vétérinaire pour donner des conseils et pratiquer des soins liés au pied.

Clou à ferrer

Une fois chaud, le fer peut être modelé

Comment se déroule la séance ?

La pose d'une ferrure dure une vingtaine de minutes. Le maréchal enlève l'ancien fer et examine le pied pour déterminer le type de fer qu'il va poser. Il enlève ensuite l'excédent de corne à l'aide de divers outils.
Une fois le pied tout neuf, il chauffe le fer pour ramollir le métal et pouvoir le modeler à la forme du sabot. Une fois le fer ajusté, il le fixe sous le sabot du cheval à l'aide de clous. Puis il fait marcher et trotter le cheval pour s'assurer qu'il est à l'aise dans ses nouvelles chaussures !

LE SAVIEZ-VOUS ?

Le terme « maréchal » vient du vieux-francique « marhskalk », désignant un domestique qui soignait les chevaux.

Crampons vissés sur un fer

À chacun son fer

Il existe de nombreux types de fer. Chaque fer a sa spécificité : léger, protecteur, dérapant, antidérapant... À chaque cheval et à chaque discipline correspond un type de fer particulier. Les chevaux de course ont par exemple des fers très fins et très légers, tandis que certains chevaux d'obstacles ont une plaque de silicone entre le pied et le fer pour amortir les chocs. Certains fers permettent même de corriger le positionnement des membres du cheval !

Les outils du maréchal-ferrant

Pour mener à bien sa mission, le maréchal-ferrant utilise plusieurs outils comme un seau, un licol, un tablier... mais aussi une enclume et une forge à gaz qui va lui permettre de chauffer le fer pour le ramollir. Il utilise aussi des outils plus spécifiques : une râpe pour limer la corne, une rénette pour nettoyer le dessous du sabot...

Les accessoires de la ferrure

Les fers peuvent être complétés par des accessoires qui permettent de les rendre plus performants ! Comme sur des chaussures de football, on peut poser des crampons sur les fers pour éviter que le cheval ne glisse sur les terrains boueux. Il existe même des accessoires qui permettent à la neige de ne pas se coller sous le sabot ou encore aux fers de s'user moins rapidement !

LE SAVIEZ-VOUS ?

Si le maréchal-ferrant fabrique lui-même les fers, il est aussi forgeron !

ATTENTION, PIEDS SENSIBLES !

Les pieds du cheval étant couverts de terminaisons nerveuses, ils doivent être l'objet de beaucoup d'attention et de soins. Aucun petit bobo ne doit être négligé !

Mon cheval boite

Il arrive que le cheval boite sans raison apparente. Le cavalier annule alors sa séance de travail afin de chercher les causes de la boiterie. Le degré de boiterie du cheval définit le seuil de la douleur : certains chevaux ne peuvent pas poser le pied par terre, tandis que d'autres sont légèrement gênés mais peuvent se déplacer. Dans tous les cas, une boiterie ne doit pas être prise à la légère.

Le conseil aux cavaliers

Pour repérer un abcès, on peut toucher le pied : lors d'une inflammation, le pied concerné est chaud et douloureux. Contactez ensuite le vétérinaire ou le maréchal-ferrant !

Attention aux abcès !

La plupart des boiteries sont dues à des abcès : une bactérie s'installe à l'intérieur du sabot et n'est pas visible de l'extérieur. S'il est bien soigné, le cheval se remettra rapidement ! Cependant un traitement inadapté et trop tardif peut engendrer de graves complications.

Recette du pansement à la graine de lin

- **Des graines de lin**
- **Une casserole**
- **Une couche pour bébé**
- **Du ruban adhésif**

Mettre une tasse de graines de lin dans une casserole. Couvrir les graines d'eau et faire bouillir. On obtient alors une pâte gluante et épaisse !
Une fois le mélange tiède, prélever une grosse quantité de graines et la placer dans une couche pour bébé. C'est un pansement efficace puisque grâce au plastique, il permet aux graines de rester en place.
Il faut ensuite placer la couche autour du sabot infecté et la maintenir grâce à du ruban adhésif. Le pansement est à renouveler matin et soir jusqu'à la disparition de l'abcès !

Les hipposandales

À l'époque des Romains, on invente des chaussures en cuir pour chevaux qui sont essentiellement utilisées pour traiter les problèmes de pieds. Aujourd'hui appelées « hipposandales », elles remplacent les fers dans de nombreux cas. Composées de caoutchouc, elles sont plus souples et adaptées aux pieds sensibles. Comme pour nos chaussures, il y a différents modèles et différentes tailles. Chaque cheval peut alors trouver chaussure à son pied. Certains disent même que ce sont les fers du XXIe siècle !

Les chaussures de traitement

Pour soigner un abcès plus facilement, il existe des chaussures de traitement. Ce sont de petites bottes à enfiler sur les pieds du cheval. Elles remplacent le pansement et protègent le pied de toutes les bactéries extérieures. Elles permettent également de garder le cataplasme en place !

LE SAVIEZ-VOUS ?

La graine de lin a de nombreuses vertus. Elle sert à soigner les abcès des chevaux, mais ils peuvent également la consommer ! En complément alimentaire, elle facilite le transit et prévient les coliques.

LE PIED DU CHEVAL

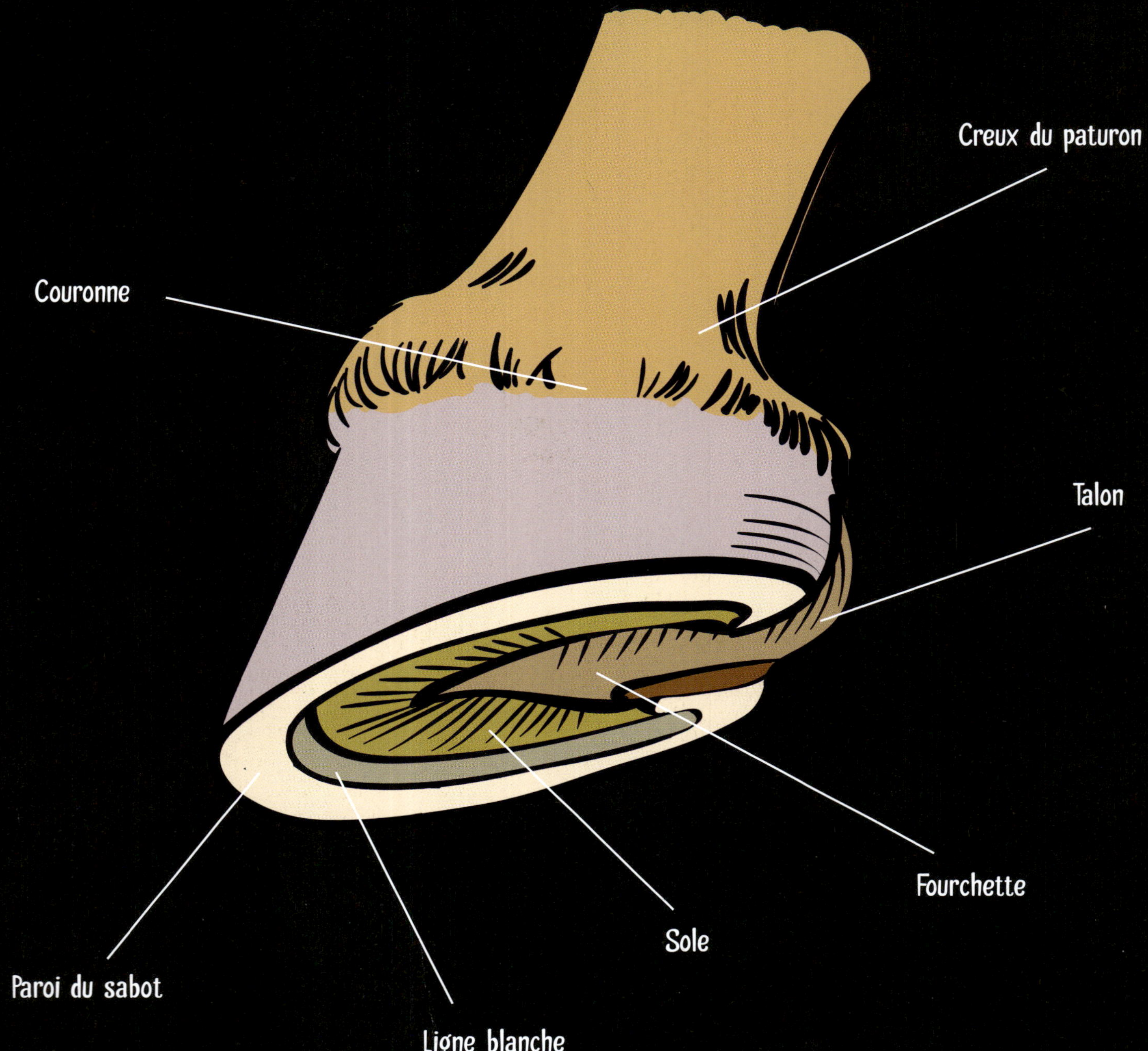

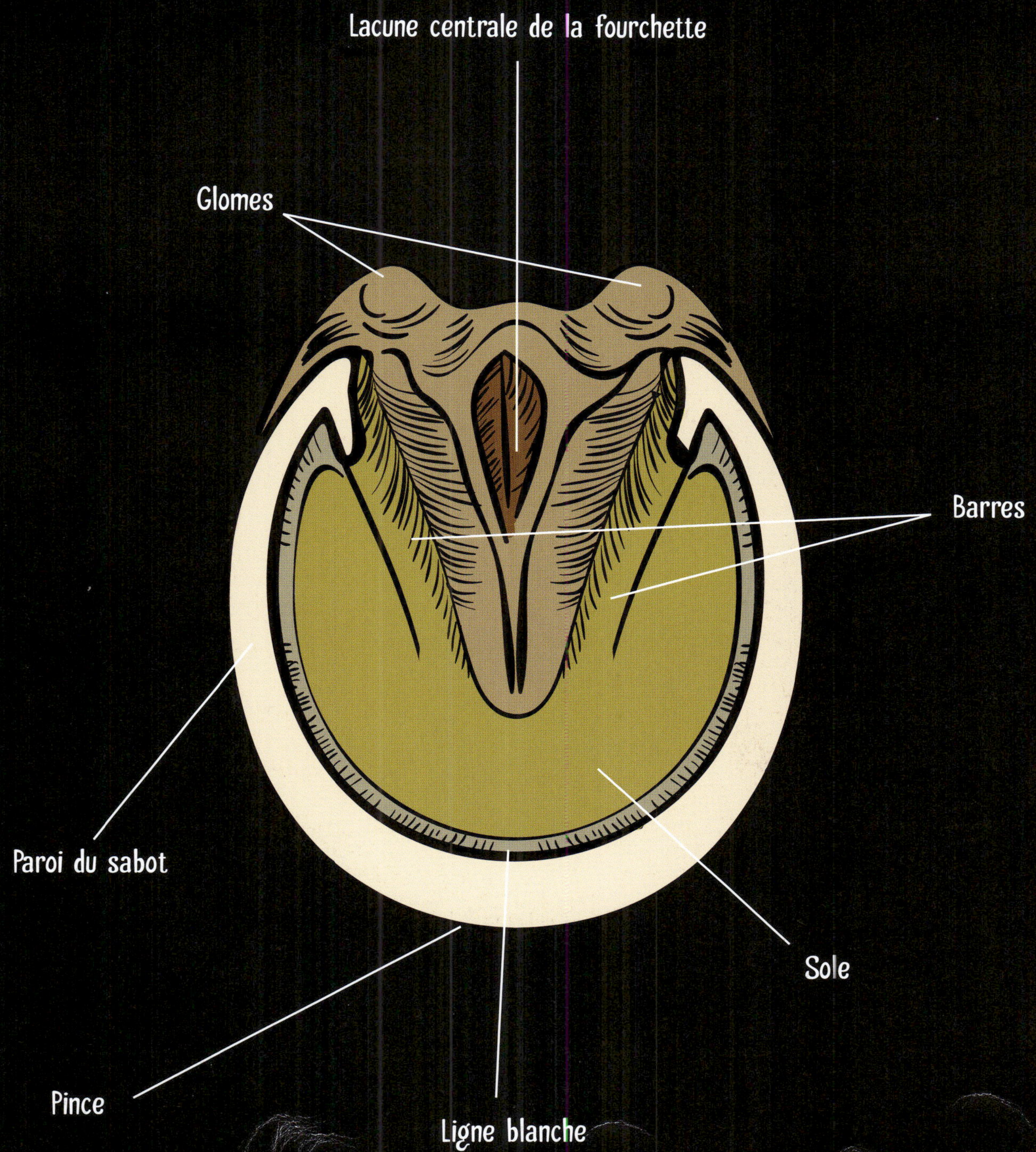
Lacune centrale de la fourchette
Glomes
Barres
Paroi du sabot
Sole
Pince
Ligne blanche

INITIATION À L'ÉTHOLOGIE

La médecine équine a longtemps eu pour unique finalité l'étude des particularités anatomiques du cheval, la prévention et le soin des maladies et des blessures. Les aspects psychologiques du cheval n'ont été pris en compte que récemment, ce n'est qu'à la fin du XXe siècle que l'éthologie (l'étude du comportement animal) a commencé à intéresser le monde du cheval.

L'éthologie équine, qu'est-ce que c'est ?

Elle consiste à étudier le comportement des chevaux pour mieux comprendre ce qu'ils ressentent. En équitation, cette discipline est de plus en plus répandue. Elle permet de comprendre et d'établir un réel lien avec son cheval. Par des codes précis, le cavalier cherche à communiquer avec son cheval et à instaurer une relation de confiance. Très souvent, les cavaliers rencontrent des difficultés pour embarquer le cheval dans le van ou se mettre en selle. L'éthologie permet de résoudre les tracas du quotidien en travaillant sur la confiance du cheval envers son cavalier.

L'équitation éthologique

L'éthologie équine est la science du comportement du cheval. L'équitation éthologique s'apparente plus à une technique d'éducation et de dressage spécifique utilisant des méthodes douces et différentes de l'équitation traditionnelle. L'éthologue apporte des connaissances sur le comportement du cheval qui servent à mettre en application de nouveaux exercices pour les chevaux et à développer une véritable connexion avec eux.

Chuchoter à l'oreille des chevaux

Le terme « chuchoteur » a été inventé au XIXe siècle par Daniel Sullivan, un Irlandais qui a travaillé avec des chevaux devenus rétifs à la suite d'accidents ou de mauvais traitements. C'est une approche basée sur la douceur et l'absence de contraintes excessives, sur la prise en compte de la nature du cheval. Pat Parelli est le chuchoteur américain le plus connu en France et en Europe, il a conçu une méthode complète appelée « Natural Horse Man Ship ». Pour Pat Parelli, le cheval étant une proie, il est programmé pour échapper à tout prédateur et à tout danger, y compris à l'homme. Le cavalier doit donc savoir se positionner non pas en tant que prédateur ou ami, mais comme un leader pour une relation optimale. Pour cela, il lui faudra se montrer aussi doux et ferme que nécessaire, tout en faisant preuve de patience et de rigueur.

Les conseils de base

Si le cheval se présente de dos à l'entrée du box :
- ne pas se mettre vers sa croupe ;
- capter l'attention du cheval en lui parlant pour qu'il se tourne ;
- si le cheval ne bouge pas, le cavalier peut délicatement sans quitter sa distance de sécurité, le pousser à l'aide d'une longe tout en continuant à lui parler ;
- une fois que le cheval s'est déplacé, le cavalier observe son attitude corporelle tout en s'approchant de son épaule ;
- si l'encolure est détendue et sa respiration calme, cela signifie que le cheval est tranquille, le cavalier peut passer le licol.

LE SAVIEZ-VOUS ?

Il est très important de récompenser et de féliciter son cheval uniquement quand il y a une justification. Car distribuer des friandises à n'importe quel moment entraînera une incompréhension de la part du cheval, qui apprendra vite à mordre pour réclamer.

LE LICOL ÉTHOLOGIQUE

L'accessoire indispensable de l'équitation éthologique est le licol à nœuds, qui est utilisé pour attraper et manipuler son cheval, mais aussi pour le dresser.

Une invention de cow-boy

Le licol éthologique, aussi appelé « licol à nœuds » ou « licol américain », est un licol en cordelette inventé aux États-Unis par les cow-boys, car il est adapté à la pratique de l'équitation western. Tout comme le licol plat, il est utilisé pour attraper et manipuler le cheval, mais aussi comme outil de travail, notamment pour le travail à la longe.

Licol plat

Licol éthologique

Fonctionnement du licol éthologique

Le licol éthologique permet de transmettre des indications précises au cheval. D'apparence simple, ce licol peut laisser croire, à tort, qu'il s'agit d'un outil doux. Il agit par points de pression avec des nœuds qui appuient sur des zones sensibles de la tête du cheval.

Son fonctionnement peut avoir un effet très puissant en raison de la finesse de la corde (plus elle est fine, plus la pression exercée est importante). Si le cheval ne répond pas aux aides, le cavalier agit sur le licol. Grâce aux nœuds et à leurs points de pression, le cheval ressent de l'inconfort et répond positivement aux demandes de son cavalier.

Le conseil aux cavaliers

Avant de se lancer dans l'expérience du licol éthologique avec son cheval, il faut être conscient qu'il ressent les moindres à-coups. Ce type de licol peut s'avérer très sévère s'il est utilisé à mauvais escient.

L'incassable

Le licol en corde est fait d'un seul tenant. Cette corde s'apparente aux cordes ultrarésistantes utilisées sur les bateaux. Les licols plats, eux, disposent de plusieurs parties métalliques qui cèdent sous une pression trop forte.

LE SAVIEZ-VOUS ?

Le licol éthologique n'a aucun point de rupture. Il ne casse pas si le cheval tire. C'est pourquoi il ne doit jamais être attaché avec un licol éthologique. La finesse de la corde pourrait provoquer de graves blessures !

LA SELLE

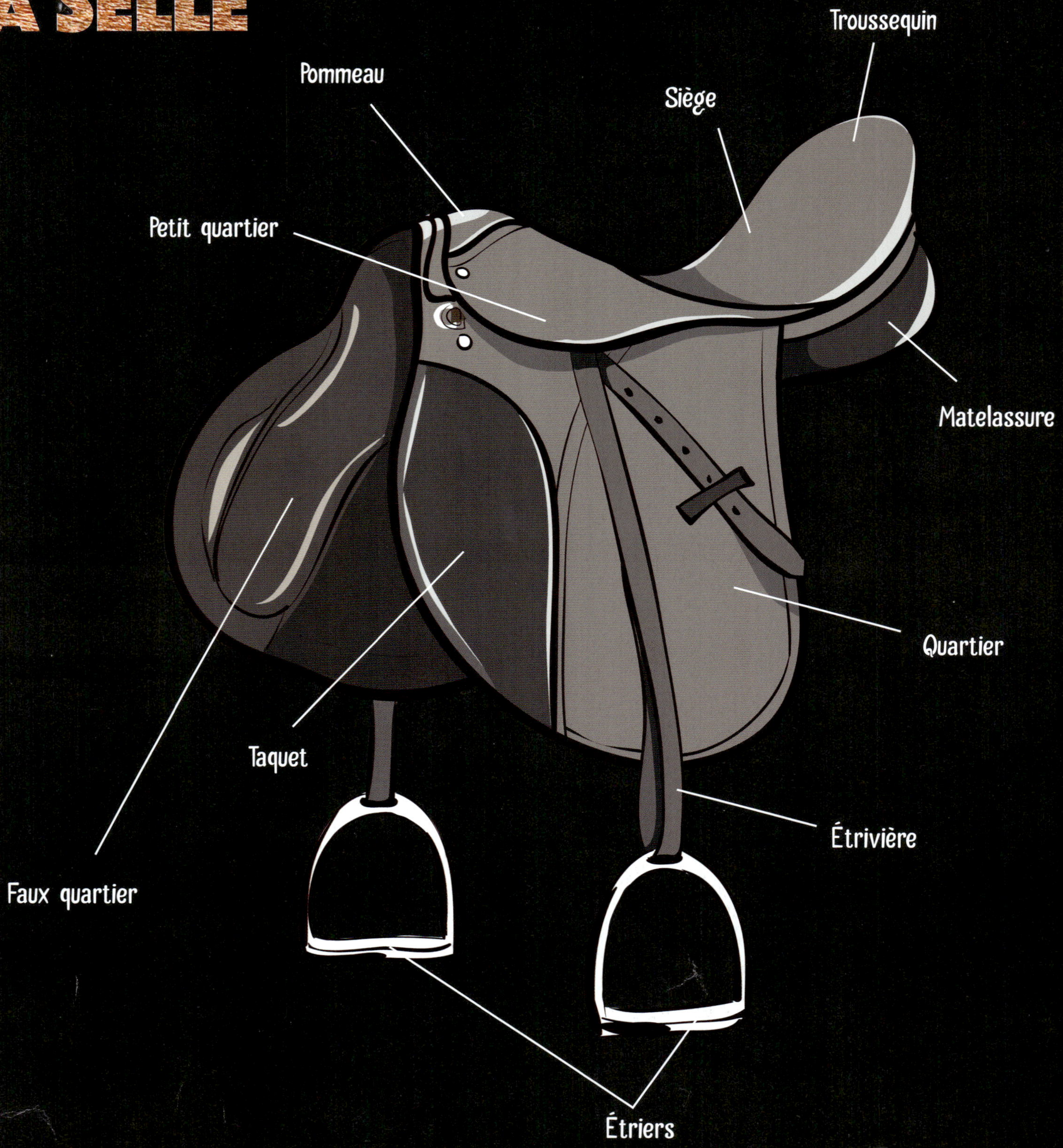
Troussequin
Pommeau
Siège
Petit quartier
Matelassure
Quartier
Taquet
Étrivière
Faux quartier
Étriers

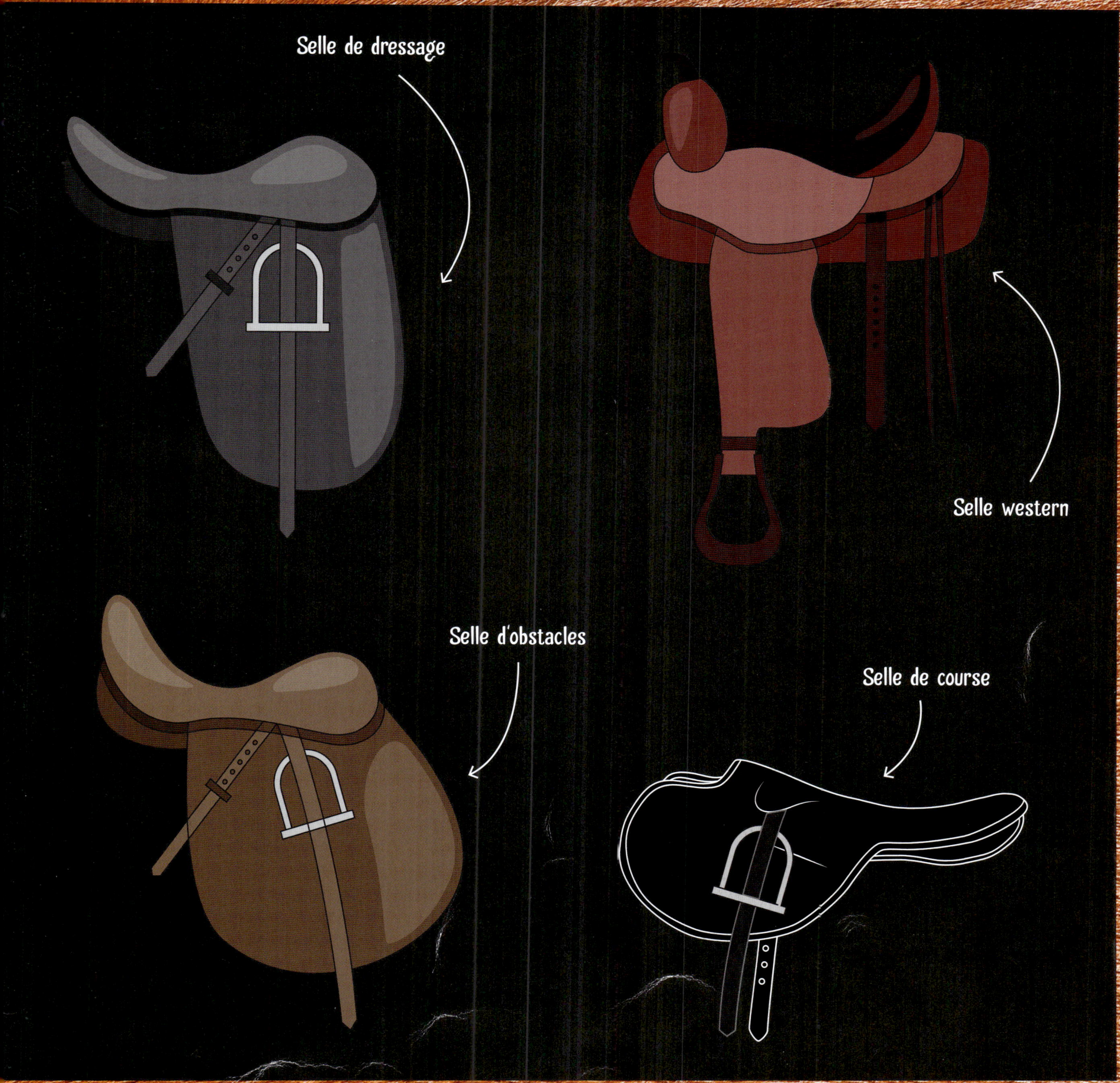
Selle de dressage
Selle western
Selle d'obstacles
Selle de course

L'ENTRETIEN DE LA SELLE

Nettoyer régulièrement le cuir d'équitation (selles et filets) permet de conserver son bel aspect plus longtemps.

Le cuir, un matériau « vivant »

Matière vivante, le cuir de sellerie doit être entretenu régulièrement. Les soins doivent être adaptés en fonction de l'utilisation, du climat et de la saison. Élément principal du matériel d'équitation, la selle est un équipement qu'il faut entretenir correctement. De son entretien dépendra sa durée de vie !

Une technique rigoureuse

Lorsqu'on achète une selle neuve, il est impératif de protéger les cuirs avec une huile spéciale. Pour une selle qui a déjà de l'âge, il faut nettoyer toutes les parties en cuir à l'aide d'une éponge et de savon glycériné. Puis l'opération se poursuit sur les quartiers de la selle, pour se terminer par les parties les plus en contact avec le cheval. Ce nettoyage doit être rigoureux afin d'éliminer toutes les traces de transpiration et de poussière.

Le conseil aux cavaliers

On nettoie la selle avec du savon glycériné et on la nourrit avec de la graisse ou de l'huile pour cuir. Grâce à un entretien régulier, la selle reste souple, agréable et performante.

Nourrir le cuir

Une fois la selle nettoyée et sèche, on peut passer à la phase suivante qui consiste à nourrir le cuir avec un baume hydratant ou de la graisse à cuir. Il faut bien masser à l'aide d'un chiffon le corps gras pour le faire pénétrer. Attention de ne pas mettre trop de graisse sur le siège car il pourrait devenir glissant ! Il est conseillé d'attendre 24 heures avant d'utiliser la selle afin que le cuir ait absorbé le corps gras.

LE SAVIEZ-VOUS ?

Si une selle a été en contact avec l'eau, il faut la placer dans un lieu tempéré pour sécher le cuir. Une fois sèche, il faut la nettoyer au savon glycériné et appliquer un baume nourrissant.

À quelle fréquence ?

L'idéal est de nettoyer son matériel avec du savon glycériné une fois par semaine et de nourrir le cuir une fois par mois ou plus en fonction de la fréquence d'utilisation de la selle, de la souplesse du cuir et des conditions extérieures (pluie, boue, sable...).

L'été : après chaque utilisation. Le cuir a besoin d'être nourri davantage afin de compenser le dessèchement provoqué par le soleil.

L'hiver : laisser sa selle dans un lieu chauffé pour éviter qu'elle moisisse à cause de l'humidité.

LE FILET

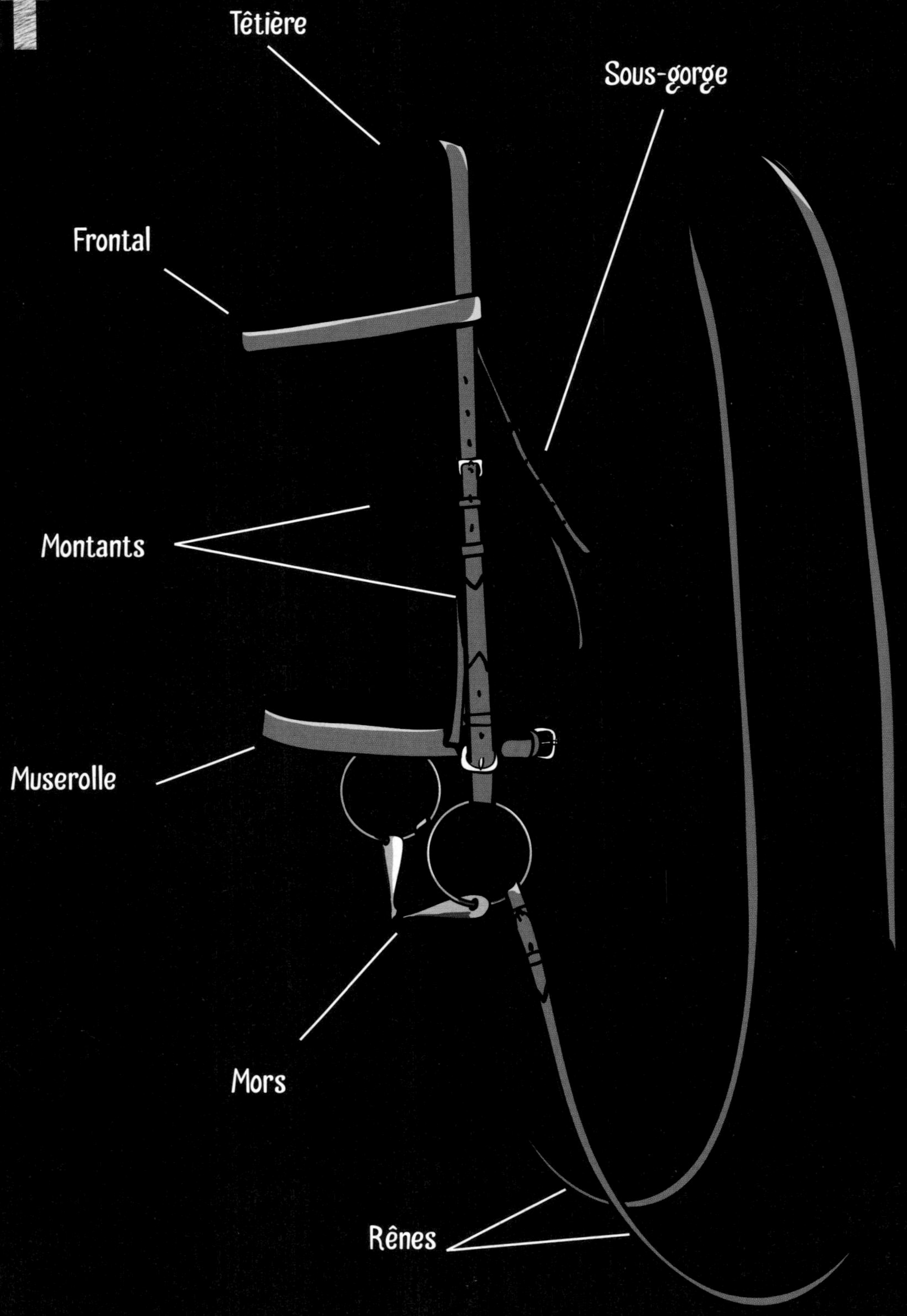

Filet muserolle française

Filet muserolle combinée

Filet muserolle allemande

Filet sans muserolle

Filet western

DOUX COMME LE MIEL...

Nous l'aimons pour son goût sucré et doux, mais saviez-vous que le miel possède de très nombreuses vertus pour les humains comme pour les chevaux ? C'est le produit phare de la médecine naturelle... et ça marche !

Un remède universel

Le miel est un antiseptique naturel utilisé depuis des milliers d'années pour soigner les plaies. Il est composé d'eau, de sucre et de divers nutriments qui sont à l'origine de ses nombreuses vertus. Il existe différents types de miel. Certains sont plus antibactériens que d'autres tel, le miel de thym. Les pansements au miel sont de véritables outils cicatrisants pour les chevaux, mais aussi pour les hommes. Ils sont d'ailleurs utilisés à l'hôpital pour soigner les plaies qui ont du mal à cicatriser et les brûlures très profondes.

La récolte du nectar

Les abeilles récoltent du nectar (un liquide sucré produit par certaines fleurs), et le rapportent à la ruche. Pendant ce trajet, le nectar est transformé par la salive de l'abeille. Lorsqu'elle arrive à la ruche, elle transfère sa récolte à une autre abeille, qui la transforme à nouveau avant de la transférer à une troisième abeille, et ainsi de suite jusqu'à ce que la substance convienne. À ce stade, le nectar est devenu du miel ! Les abeilles le stockent dans une petite cellule appelée « alvéole » et le sèchent grâce aux battements de leurs ailes. Elles ferment ensuite les alvéoles avec de la cire pour le protéger. C'est à ce moment qu'intervient l'apiculteur.

LE SAVIEZ-VOUS ?

En France, pendant la Première et la Seconde Guerre mondiale, le miel était utilisé pour soigner les blessures des soldats.

Recette du pansement au miel

- **Du miel**
- **Une spatule**
- **Une compresse stérile**
- **Du ruban adhésif**

Nettoyer la blessure avec de l'eau ou du sérum physiologique. Puis étaler une fine couche de miel sur la plaie à l'aide d'une spatule. Recouvrir le miel d'une compresse stérile maintenue grâce à du ruban adhésif. Renouveler l'opération chaque jour, jusqu'à ce que la blessure soit guérie.

De la ruche au pot

Pour récolter le miel, l'apiculteur enfile une combinaison qui le protège des piqûres. À l'aide d'un enfumoir, il éloigne les abeilles des ruches pour récupérer les cadres portant les alvéoles de miel. L'apiculteur prélève uniquement le surplus car il doit laisser assez de réserve à la colonie pour l'hiver. Ensuite, les cadres sont grattés afin de faire tomber la cire qui protège le miel. Puis ils sont placés dans une centrifugeuse qui permet de vider leur contenu. Avant d'être mis en pot, le miel est filtré.

INCROYABLE

Une ruche d'environ 30 000 abeilles produit 20 à 30 kg de miel en un an !

Vive les médecines douces !

Les propriétaires d'animaux sont de plus en plus nombreux à avoir recours aux médecines dites « douces ». Elles prennent en compte le physique, les émotions et même le passé de l'animal pour trouver une manière de le soigner. De nombreuses méthodes sont utilisées.

Parmi elles :

- **L'ostéopathie :** grâce à la manipulation des muscles et des os, l'ostéopathe soulage les boitements, l'arthrose... Ce qui permet souvent d'éviter la prise de médicaments.
- **L'acupuncture :** à l'aide d'aiguilles, l'acupuncteur touche des points spécifiques qui vont permettre de détendre l'animal, de soulager ses douleurs, d'agir sur ses allergies...

L'enfumoir

LA SÉANCE D'ACUPUNCTURE

Médecine ancestrale, l'acupuncture peut parfois être très bénéfique aux chevaux. Les acupuncteurs tiennent compte des cinq éléments de l'univers pour soigner l'animal : le feu, la terre, le métal, l'eau ainsi que le bois. Ces derniers correspondent d'ailleurs à des organes précis de l'organisme du cheval. Il doit y avoir un équilibre entre ces cinq éléments.

Une spécialité chinoise

L'acupuncture est une pratique énergétique issue de la médecine traditionnelle chinoise. Elle consiste à stimuler certaines parties du corps pour soulager, prévenir ou même soigner une maladie, grâce à des aiguilles. L'acupuncture est basée sur l'existence d'une énergie vitale appelée le « Qi » (prononcé « Chi ») qui circule partout dans le corps. Selon la pensée chinoise, la douleur et la maladie sont causées par un blocage ou un déséquilibre d'énergie. L'acupuncture traite la douleur et la maladie en stimulant des points précis à l'aide d'aiguilles. En débloquant le Qi, elle rééquilibre le corps et l'aide à s'autoguérir !

Pendant la séance...

1 L'examen clinique

La séance débute par un examen clinique classique (prise de pouls, observation générale...) du cheval.

2 La palpation

Les groupes musculaires et des points d'acupuncture sont palpés pour identifier quels endroits sont réactifs.

3 Les aiguilles

Une fois les points sensibles repérés, l'acupuncteur désinfecte les zones. Il pose les aiguilles sur la tête du cheval pour le détendre et sur les zones sensibles. Les aiguilles restent en place entre 2 à 20 minutes selon les besoins. La pose des aiguilles est sans douleur.

Comment les aiguilles agissent-elles ?

Les aiguilles sont plantées à la surface de la peau, sur des points spécifiques appelés « points d'acupuncture ». Lorsqu'ils sont piqués, ces points provoquent une réaction dans le corps qui atténue les symptômes de la maladie.

L'acupuncture agit à la fois au niveau local et dans tout le corps. Les aiguilles permettent aux muscles de se relâcher et au corps de libérer des hormones du bonheur appelées « endorphines ». Le cheval est donc très rapidement détendu et sa douleur s'atténue. Certains chevaux peuvent même s'endormir pendant la séance !

Le conseil aux cavaliers

Si votre cheval est sujet à la dermite estivale, vous pouvez le protéger en respectant quelques consignes :

- le couvrir d'une couverture anti-insectes ;
- lui mettre un masque anti-mouches ;
- vaporiser un spray anti-insectes sur l'ensemble de son corps ;
- éviter les sorties du box après 17 heures ;
- éviter les points d'eau car ce sont des zones à moustiques
- éviter de laisser des « zones de grattage » (arbres, poteaux...).

Couverture anti-insectes

Histoire de l'acupuncture

La pratique de l'acupuncture remonte à environ 5 000 ans. Elle a été introduite en Europe au XVIIe siècle par un médecin hollandais et s'est vraiment développée à partir de 1950. Aujourd'hui, elle est utilisée pour les humains et les chevaux, mais aussi pour les chats, les chiens et les rapaces.

LE SAVIEZ-VOUS ?

Lorsqu'elles ont terminé leur action, il arrive que les aiguilles tombent toutes seules !

HALTE AUX PARASITES !

La présence de parasites intestinaux doit être régulièrement contrôlée chez le cheval, même si celui-ci vit plutôt en box. Il existe un moyen simple et fiable de le faire : l'examen des crottins, appelé coproscopie.

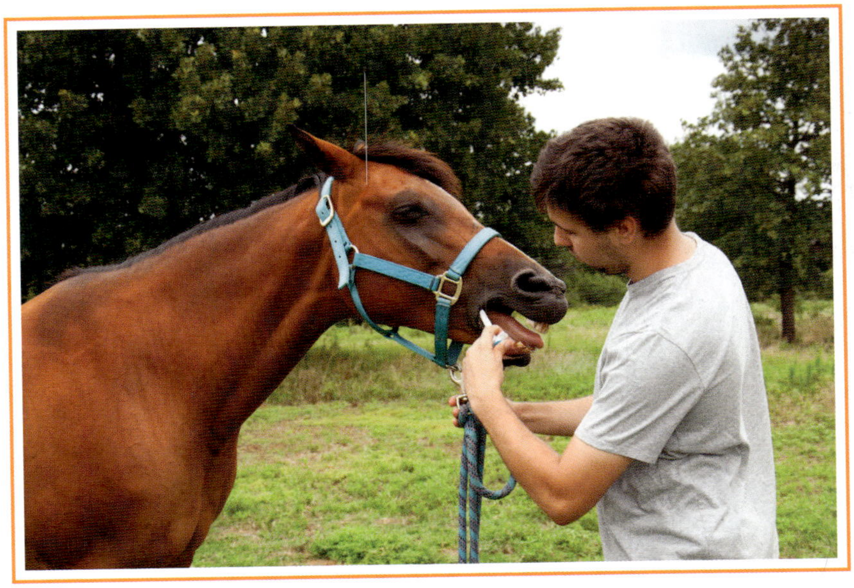

La coproscopie, qu'est-ce que c'est ?

La coproscopie consiste à analyser le crottin d'un cheval pour savoir s'il a besoin d'être vermifugé. Elle permet de ne pas vermifuger son cheval inutilement !

Le laboratoire pratique deux types d'analyses. Dans un premier temps, il observe l'échantillon de crottin au microscope et compte le nombre d'œufs. Grâce à une formule mathématique, il peut ensuite déterminer le nombre d'œufs par gramme de crottin. Si le cheval a moins de 200 œufs par gramme, il n'est pas utile de le traiter. Lorsque le cheval a besoin d'être vermifugé, il est important de déterminer quel type de parasites il faut éradiquer pour choisir le bon traitement.

Préparer la coproscopie

Étape 1 : La récolte

Prélever 3 ou 4 boules de crottin frais par cheval à l'aide d'un gant et les placer dans un sac plastique.

Étape 2 : La conservation

Chasser l'air présent dans le sac plastique avant de le refermer à l'aide d'un nœud, puis conserver l'échantillon au réfrigérateur à environ 4 °C.

Ne pas oublier de noter le nom du cheval et la date de prélèvement !

Étape 3 : L'examen

Donner le plus rapidement possible le prélèvement au vétérinaire qui effectuera l'analyse !

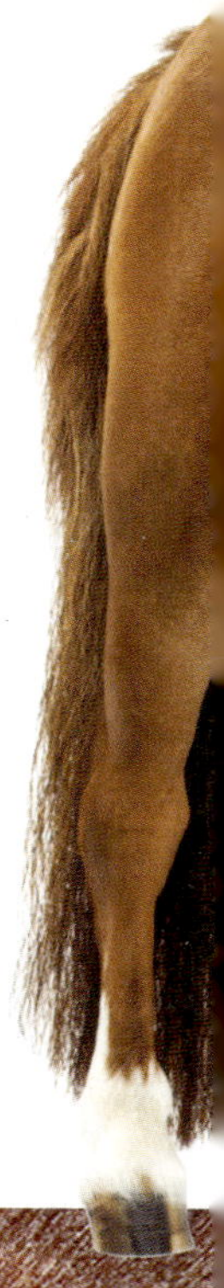

Le calendrier des vermifuges

L'exposition aux parasites dépend du mode de vie du cheval. Celui qui vit en extérieur sera bien plus exposé que celui qui vit en box. Les chevaux sont vermifugés :

- **à la fin de l'hiver**, seulement si la coproscopie est positive. Ce vermifuge n'est pas nécessaire pour les chevaux en box ;
- **en été**, vermifuge indispensable pour tous les équidés ;
- **au début de l'automne**, on ne vermifuge que les chevaux dont la coproscopie est positive. Il est très rare que les chevaux vivant en box aient besoin d'un traitement ;
- **à la fin de l'automne**, un vermifuge complet pour tout le monde !

LE SAVIEZ-VOUS ?

Le cheval fait entre 7 et 10 crottins par jour avec des intervalles d'environ une heure. Un crottin a peu d'odeur. Il est en général vert/brun

LA VIE EN TROUPEAU

À l'état sauvage, il est rare que les chevaux vivent seuls : ils sont naturellement portés à vivre en troupeaux, qu'on appelle des « hardes ». Le but principal du troupeau est d'assurer la sécurité face aux prédateurs, mais aussi de satisfaire le besoin du cheval de vivre parmi les siens.

Dans la nature...

Le cheval est un animal grégaire : il ne peut vivre sans ses congénères. La plupart du temps, les chevaux vivent en groupe d'étalons ou en famille : un étalon, deux à quatre juments et les poulains. Lorsqu'ils ont atteint l'âge de quitter le groupe, à environ 3 ans, les poulains sont chassés par l'étalon et forment alors une nouvelle harde.

L'étalon, le roi ?

Contrairement à ce que l'on peut penser, l'étalon n'est pas le dominant du groupe. Il se contente d'assurer sa sécurité, d'éduquer les poulains et de saillir les juments. Généralement, la jument la plus âgée endosse le rôle de meneur : son expérience permet au groupe de survivre. Elle connaît les meilleurs abris, les sources de nourriture et les points d'eau !

Une journée bien réglée

Le cheval passe le plus clair de son temps à brouter. Il dort environ 6 heures par jour, principalement la nuit. Dans la journée, il fait de petites siestes en restant debout. Pour ne pas tomber, il est capable de verrouiller ses jambes ! En restant debout, le cheval fait croire au prédateur qu'il est toujours éveillé, c'est une manière de se protéger.

LE SAVIEZ-VOUS ?

L'instinct grégaire, c'est l'instinct qui pousse les individus d'une même espèce à se rassembler et à adopter le même comportement.

Le conseil aux cavaliers

Lorsqu'il vit seul, le cheval développe des tics nerveux ou des troubles du comportement. Pour que votre cheval soit équilibré et heureux, rien de tel qu'un autre cheval ! Si vous ne pouvez pas avoir deux chevaux, vous pouvez toujours placer votre cheval en pension ou, si vous avez la place, proposer de partager votre champ avec un autre propriétaire !

Grattage mutuel !

Les chevaux sont comme les humains : ils s'entendent plus ou moins bien avec leurs congénères. Ils ont besoin de nouer des relations fortes. Deux chevaux qui s'entendent bien pratiquent le grooming, un grattage mutuel. L'un et l'autre se grattent à des endroits qu'ils ne peuvent atteindre seuls, souvent le garrot. Le grooming est un instant de bien-être et de complicité entre deux chevaux, mais il est également possible entre un cheval et son cavalier. Il suffit au cavalier de trouver le bon endroit. Dès lors, le cheval exprimera son contentement en mordillant le cavalier pour le « gratter » à son tour !

LE LANGAGE CORPOREL

Comment les chevaux nous communiquent-ils leurs besoins et leurs émotions ? Pour vivre en bonne intelligence avec un cheval, il est important d'apprendre à interpréter certaines réactions et attitudes corporelles.

Les expressions des oreilles

Les oreilles sont la partie du corps que le cheval utilise le plus pour exprimer ce qu'il ressent. Chaque oreille peut être pointée dans une direction différente, le cheval peut diviser son attention sur plusieurs éléments à la fois. elles indiquent des comportements facilement identifiables. Des oreilles :

- légèrement inclinées vers l'avant ou sur le côté signifient que le cheval est confiant et détendu ;
- tendues et pointées vers l'avant montrent qu'il est intrigué ou qu'il se sent menacé. Dans le second cas, ce signal est complété par des naseaux écartés, et parfois un souffle bruyant et des yeux écarquillés ;
- plaquées en arrière, elles sont signes de menace. Il est conseillé de reculer pour éviter d'être blessé.

Les expressions des yeux

La vision du cheval est différente de celle de l'humain. Il a une vision panoramique de son environnement et une mauvaise perception des profondeurs, ce qui explique par exemple qu'un cheval ait peur d'une flaque d'eau ! Des yeux grands ouverts signifient qu'il est en alerte et conscient de son environnement ; s'ils sont écarquillés le cheval a peur et s'ils sont mi-clos ils indiquent que le cheval somnole.

Les expressions de la tête et de l'encolure

En observant aussi le positionnement de la tête et de l'encolure du cheval, on peut en savoir plus sur son humeur du jour :
Le cheval, qui tend l'encolure, dresse la tête, relève la lèvre supérieure montrant ses dents et ses gencives, a repéré une odeur étrangère. Cette réaction s'appelle le réflexe de flehmen.

Un cheval agressif a tendance à bouger sa tête de droite à gauche avec de grands mouvements. Le mieux est de s'éloigner afin d'éviter d'être blessé.

En signe de soumission, le poulain ou le jeune cheval claque des dents pour s'assurer que le cheval plus âgé ne lui fera pas de mal.

Les expressions des jambes

Le cavalier doit toujours rester vigilant lorsqu'il se tient autour du cheval, notamment en étant attentif à certaines postions de ses jambes.
Des jambes avant écartées et un corps tendu signifient que le cheval est prêt à fuir ; s'il tient son encolure vers le bas, c'est plutôt signe de problème de santé.
Une jambe qui se soulève violemment peut être un signe d'alerte et de menace.
Le cheval qui se cabre est à double langage : un comportement récréatif lorsqu'il joue au pré ou signe de défense et de colère s'il se sent coincé.

Les expressions de la queue

Le cheval remue la queue pour chasser les insectes, mais les mouvements de la queue ont parfois une tout autre utilité. Remuer la queue peut être pour le cheval un moyen d'avertir les autres chevaux de rester à distance.
Le cheval heureux et joueur relève sa queue en panache lors de ses déplacements. Chez le poulain, la queue en panache peut être signe d'affolement.
La queue rentrée et basse signifie une gêne à cause d'insectes ou à l'approche d'un danger.

LE LANGAGE DES OREILLES

Cheval attentif

Oreilles droites et en avant. Le cheval est curieux, quelque chose l'intrigue. Le cavalier doit être franc.

Cheval méfiant

Oreilles dirigées vers l'arrière et naseaux pincés. Le cheval se méfie de quelque chose, le cavalier doit être prudent.

Cheval fâché

Oreilles plaquées vers l'arrière. Le cheval est énervé et prêt à se défendre. Le cavalier doit garder ses distances.

Cheval détendu

Oreilles mobiles. Le cheval est apaisé. Le cavalier peut être confiant.

EN VOITURE !

Le transport est un moment délicat et plutôt stressant pour le cheval (et pour son propriétaire !), mais avec quelques précautions, tout se passera bien… Voici quelques conseils.

Van ou camion ?

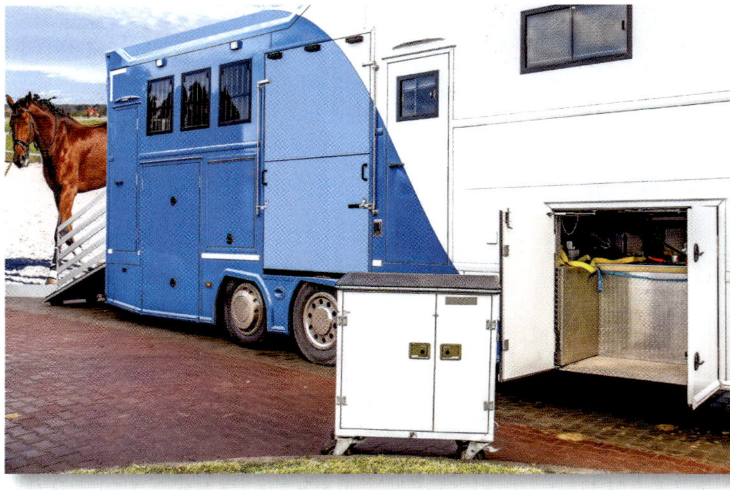

Concours, sortie à la plage, déménagement ou visite chez le vétérinaire. Un moyen de transport adapté est indispensable pour faire voyager un cheval. Le van est le plus utilisé : il est moins cher que le camion, mais nécessite une voiture puissante. Quant aux camions, il en existe une grande variété : à 2, 5 ou encore 9 places, il y en a pour tous les goûts ! Certains comportent même un espace nuit et une cuisine. Les camions sont plus agréables à conduire qu'un van, mais sont beaucoup plus onéreux !

Voyager debout

Le cheval voyage debout. Pendant toute la durée du trajet, son objectif est donc de trouver un maximum de stabilité. Une fois stable et rassuré, le cheval s'occupe en mangeant le foin placé dans un filet. Si le trajet est long, il ne faut pas oublier de faire des pauses ! S'arrêter pour faire marcher le cheval pendant un long transport permet d'éviter les problèmes musculaires.

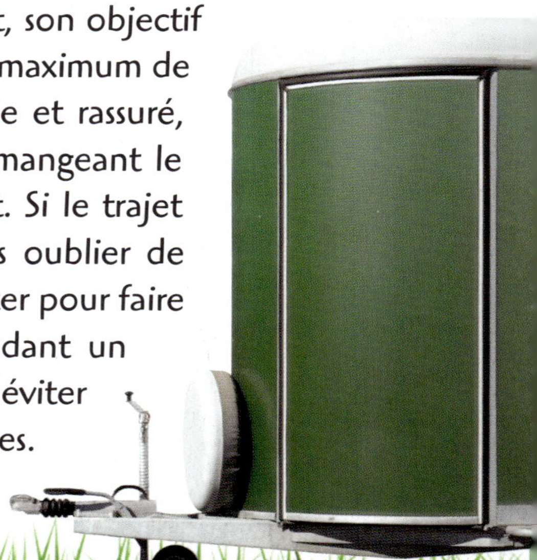

Le conseil aux cavaliers

Il arrive parfois qu'un cheval ne veuille pas monter dans le van. Si c'est le cas, la patience sera votre alliée ! Faites face au cheval, encouragez-le et exercez des pressions sur la longe sans jamais tirer. Dès que le cheval a fait un pas, récompensez-le. Pour le faire avancer, vous pouvez utiliser des friandises ! Une fois le cheval monté dans le camion ou le van, félicitez-le et faites en sorte qu'il change d'avis sur le transport ! Les prochains voyages seront alors beaucoup plus simples.

Attachez votre ceinture !

Lorsque l'on voyage en voiture, on se protège en mettant sa ceinture. Le cheval doit aussi avoir des protections ! On protège les membres avec des guêtres de transport : de grandes chaussettes épaisses qui entourent toute la jambe. Pour éviter d'abîmer les crins de la queue, on l'enroule dans un protège-queue. Quant au corps du cheval, il est protégé par une couverture fine : elle empêche que les parois du van n'abîment son pelage. Attention, si la couverture est trop épaisse, le cheval risque de transpirer !

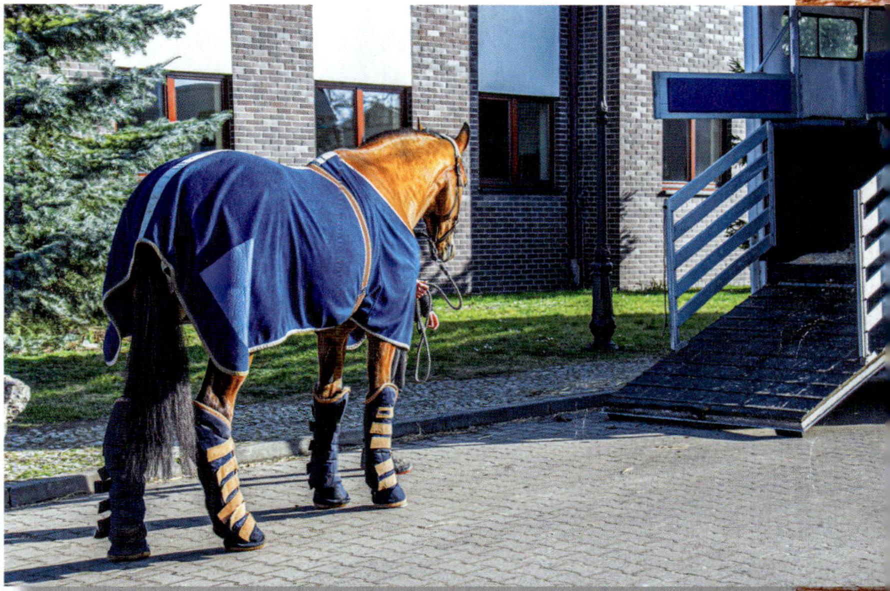

LE SAVIEZ-VOUS ?

Le cheval a une excellente mémoire : si un trajet se passe mal, il s'en souviendra et le cavalier aura alors beaucoup de mal à le faire rentrer à nouveau dans le camion ou le van.

LES GRANDS SPORTIFS

Le selle français

Le selle français est une race très répandue en France et dans le monde. Il est issu d'un croisement entre un cheval de travail et un cheval de guerre. Très polyvalent, il excelle en saut d'obstacles ! Souvent de grande taille, il est robuste et tout en force.

ORIGINE : France
POIDS : 450 à 550 kg
TAILLE : 1 m 60 à 1 m 80
ROBE : bai, alezan, gris, noir

ORIGINE : Pays-Bas
POIDS : 450 kg
TAILLE : 1 m 60 à 1 m 75
ROBE : bai, alezan, gris, noir

Le KWPN

Ce cheval au nom imprononçable (dites : K-W-P-N) est très recherché. Autrefois, il était appelé « Hollandais à sang chaud ». Il est reconnu comme le cheval de sport par excellence. Le KWPN est le résultat de nombreux croisements qui ont permis d'améliorer ses capacités sportives.

ORIGINE : Angleterre
POIDS : 500 kg environ
TAILLE : 1 m 58 à 1 m 73
ROBE : bai, alezan, gris

Le pur-sang anglais

Originaire de l'Angleterre, le pur-sang anglais, plus communément appelé « pur-sang », se distingue par sa finesse. Les pur-sang sont des chevaux essentiellement élevés pour la course de galop, mais ils sont également doués pour le saut d'obstacles, le dressage ou encore le polo !

Le trotteur français

Né en Normandie, le trotteur français porte bien son nom ! En effet, il est réputé pour ses capacités dans les courses de trot monté et attelé. Sa tête légèrement bombée est emblématique de la race. Comme les pur-sang, certains trotteurs réformés deviennent d'excellents chevaux de selle.

ORIGINE : France
POIDS : 500 à 550 kg
TAILLE : 1 m 60 à 1 m 70
ROBE : bai, alezan

LES JEUX OLYMPIQUES ÉQUESTRES

Jusqu'en 1952, seuls les cavaliers militaires masculins pouvaient participer aux compétitions équestres. La mixité s'est établie entre 1952 et 1964. Depuis, hommes et femmes s'affrontent dans les mêmes épreuves. C'est la seule discipline mixte des jeux Olympiques !

Trois disciplines

Depuis 1912, trois disciplines équestres sont au programme des jeux Olympiques : le saut d'obstacles, le dressage et le concours complet. Elles se disputent par équipes et à titre individuel.

LE SAVIEZ-VOUS ?

La compétition se déroule sur quatre jours, avec quatre parcours différents. Le premier jour compte pour la médaille individuelle, les deuxième et troisième jours pour les deux classements individuels et par équipes, et le quatrième jour est la finale de la compétition individuelle.

Le saut d'obstacles

L'épreuve se déroule sur un parcours d'une quinzaine d'obstacles de 1,40 à 1,60 mètre de haut et 1,80 à 2,20 mètres de large. Les cavaliers sont pénalisés lorsque les obstacles ne sont pas sautés dans le bon ordre, lorsqu'un cheval refuse de sauter ou renverse une barre, ou bien lorsque le temps imparti est dépassé !

Le dressage

Le couple cavalier-cheval exécute une succession de figures appartenant à un programme précis (reprise). L'épreuve comprend trois manches. Dans les deux premières, le cheval et le cavalier effectuent une reprise avec des figures imposées, aux trois allures (le pas, le trot et le galop). Dans la troisième, dite reprise libre, le couple exécute une chorégraphie en musique. Les notes sont attribuées par un jury qui évalue la bonne exécution des mouvements par le cheval, la posture du cavalier, la fluidité, la précision...

Épreuve de cross-country

Le concours complet

Aux jeux Olympiques, le concours complet regroupe trois épreuves : une reprise de dressage imposée, un parcours de cross-country et un parcours de saut d'obstacles.

Cet ordre n'est pas un hasard : il permet de tester l'obéissance, la puissance et l'endurance du cheval. Chaque jour, un jury évalue la performance du couple cavalier-cheval. C'est la moyenne des notes des trois épreuves qui détermine le classement du binôme !

LE CONCOURS DE SAUT D'OBSTACLES

Le saut d'obstacles, ou concours de saut d'obstacles (CSO), se déroule sur un terrain délimité, sur lequel sont disposés des obstacles. Cette discipline est souvent enseignée aux cavaliers débutants car elle permet d'acquérir des qualités indispensables à l'équitation, comme l'équilibre et la confiance. Le cheval et son cavalier doivent se trouver en harmonie.

Le parcours de saut d'obstacles

Lors d'une épreuve de saut d'obstacles, le couple cavalier-cheval doit enchaîner un parcours en suivant un ordre prédéfini durant un temps imparti. Le but est d'être le plus rapide possible, sans faire tomber les obstacles.

LE SAVIEZ-VOUS ?

Sur le haut de chaque obstacle se trouvent deux fanions : un blanc et un rouge. Ils indiquent le sens dans lequel le cheval doit franchir l'obstacle : blanc pour gauche et rouge pour droite.

La reconnaissance

Avant l'épreuve, les cavaliers doivent « reconnaître » le parcours à pied. La reconnaissance permet d'apprendre l'enchaînement des obstacles et la distance qui les sépare, mais aussi de repérer les pièges ou les options qui feront gagner du temps. Le jury indique par une cloche le début et la fin de la reconnaissance.

La détente

Après cette phase de repérage, il est primordial d'échauffer et de détendre le cheval sur un terrain d'entraînement appelé « détente ». Le binôme saute quelques obstacles au trot puis au galop, avant d'être appelé sur la piste pour l'épreuve.

Le parcours

Lorsque la cloche retentit, le cavalier dispose de 45 secondes pour franchir la ligne de départ. Il déroule le parcours en franchissant tous les obstacles dans l'ordre indiqué. Une fois l'épreuve terminée, le jury annonce le score et le classement provisoire du couple cavalier-cheval.

Le conseil aux cavaliers

Après votre tour, il est important de faire marcher votre cheval afin qu'il reprenne son souffle. N'hésitez pas à lui mettre une couverture séchante s'il a beaucoup transpiré : cela lui évitera d'attraper froid.

LES ARCHERS-CAVALIERS

L'archerie équestre, discipline récente en France, est un art ancestral qui réunit deux savoir-faire : l'équitation et le tir à l'arc. Cette combinaison est inspirée de plusieurs traditions équestres : mongole, coréenne ou encore hongroise.

Tirer à l'arc... à cheval !

L'objectif est de tirer, dans un temps déterminé, des flèches sur une ou plusieurs cibles, en ligne droite ou sur un parcours de chasse vallonné, toujours sur une piste encadrée. La difficulté d'allier vitesse et précision fait tout l'attrait de ce sport.

De nombreux avantages

- Le plaisir immédiat ! Dès la première séance, les cavaliers sont capables de tirer leurs flèches sur la cible, au pas ou au galop. Le cavalier sait tout de suite s'il a ou non mis sa flèche dans la cible et combien de points il a gagnés. La réussite procure un sentiment de plaisir et de satisfaction instantané.
- À force d'encocher rapidement et de tirer ses flèches avec précision, le cavalier développe son calme et sa concentration.
- Lorsqu'il tire à l'arc, le cavalier monte sans les mains. Savoir conduire en mobilisant son assiette et ses jambes est très utile, peu importe la discipline équestre. De quoi faire de la mise en selle sans y penser !

Deux méthodes

- La méthode coréenne : son cheval lancé au galop, le cavalier tire sur cinq cibles alignées. Ses flèches sont rangées dans son dos. Il réarme à chaque tir. La tension de la corde s'effectue avec le pouce.
- La méthode hongroise : le cavalier tire « au doigt » et non au pouce, sur une cible tournante mise en haut d'un piquet situé à 9 mètres de la ligne de run. Au fur et à mesure de sa trajectoire, il tire d'abord devant lui, sur le côté, puis il se retourne sur sa selle pour tirer derrière lui. Il doit tirer un maximum de flèches dans un temps très court et sur un cheval lent. À la différence de la méthode coréenne, l'archer tient toutes ses flèches en main.

Place aux règles

Les cavaliers-archers évoluent sur une ligne droite de 30 à 150 mètres de long, appelée « ligne de run ».

Les lignes de départ et d'arrivée sont symbolisées par un fanion rouge à droite et un fanion blanc à gauche. Des zones d'accélération et de freinage sont prévues avant et après la ligne de run.

La taille, l'angle et la distance entre la piste et les cibles varient selon les épreuves. Chaque cavalier fait plusieurs passages durant lesquels on comptabilise les points marqués par les flèches sur les cibles. Le cavalier est chronométré ! S'il parcourt la ligne dans un temps inférieur au temps de référence, il obtient des points bonus. À l'inverse, si son temps est supérieur, il est pénalisé. Le cavalier qui totalise le plus grand nombre de points a gagné.

LE SAVIEZ-VOUS ?

On appelle « assiette » la faculté du cavalier à suivre les mouvements du cheval avec son corps sans le gêner. Elle permet au cavalier de garder son équilibre tout en influençant les mouvements du cheval.

LE PARCOURS EN TERRAIN VARIÉ

Le parcours en terrain varié est une épreuve du TREC (techniques de randonnée équestre de compétition), au même titre que le POR (parcours d'orientation et de régularité) et la MA (maîtrise des allures). Ce parcours est composé de 12 à 18 exercices, qui reproduisent des situations que le cavalier et son cheval peuvent rencontrer en pleine nature (tronc, branche basse, fossé, passage de gué, passerelle...) lors de randonnées.

Une épreuve du TREC

Il s'agit de franchir les obstacles dans le calme et en toute sécurité. Les chevaux doivent démontrer leur maniabilité, leur calme, leur réactivité et leur vitesse pour boucler un parcours chronométré ! Plus que les réelles performances, ce sont l'efficacité, la soumission du cheval et surtout le style du couple cavalier-cheval qui sont notés.

Exercice de maniabilité

Les exercices...

Il existe cinq types d'exercices, appelés « dispositifs » :

Groupe 1 : le choix de l'allure

Slalom, branche basse, conduite à une main, ruelle...

Les points varient en fonction de l'allure choisie face à ces exercices.

Groupe 2 : les sautants

Tronc, haie, fossé, contre bas...

Également jugés sur le style, ces exercices permettent de mesurer l'obéissance du cheval : il doit passer le dispositif sans le toucher.

Groupe 3 : la précision
Barrière, escalier montant ou descendant, gué, recul, immobilité, montoir...
Ces exercices sont plus techniques et font appel au dressage du cheval. Ils sont jugés sur le style : les obstacles doivent être franchis avec régularité et discrétion des aides du cavalier, sans signes de défense du cheval.

Groupe 4 : les dénivelés
Descente, montée, « chapeau de gendarme »...
Ces exercices sont jugés sur le style du cavalier lors du franchissement : il doit toujours avoir les jambes bien verticales et ne pas gêner son cheval. Le couloir d'évolution doit être respecté et l'allure doit toujours rester la même.

Groupe 5 : en main
Monter une pente raide fait souvent partie d'une randonnée. Pour cela, il faut un cheval calme et qui respecte son cavalier ! L'exercice « en main » permet d'évaluer cela.

Exercice de la passerelle

...et les points

Chaque exercice est noté sur 10 points. Le cavalier perd 3 points lorsqu'il commet une de ces fautes :
- les ruptures d'allure ;
- le non-respect du tracé du dispositif ;
- le non-respect du contrat (garder les rênes dans une main par exemple) ;
- le refus de sauter ;
- toucher un obstacle ;
- la défense du cheval face aux ordres du cavalier.

Le résultat total reflète le niveau de connexion entre cavalier et cheval.

LES SPORTS ÉQUESTRES

Le cheval est un fantastique partenaire sportif, et les sports équestres sont souvent un spectacle inoubliable car la relation entre l'homme et son cheval y apparaît particulièrement forte. Voici quelques sports qui conviennent aux athlètes que sont les chevaux.

Le horse-ball, quel spectacle !

Le horse-ball est une discipline inventée et développée en France depuis la fin des années 1970. Rugby, basket et voltige à la fois, c'est un sport équestre collectif spectaculaire ! Inspiré du pato argentin, il se joue entre deux équipes de 6 cavaliers (4 au plus sur le terrain en même temps) qui doivent ramasser à terre, sans jamais descendre de cheval, un ballon pourvu de 6 anses en cuir et, par un jeu de passes, d'attaques et d'actions défensives, l'envoyer dans des buts adverses (fixés à une hauteur de 3,50 m) placés à chaque extrémité du terrain, qui est un rectangle de 65 mètres sur 25. L'équipe qui marque le plus de buts gagne la partie.

Le hunter, l'élégance d'abord !

Présent depuis cinquante ans aux États-Unis, le hunter se développe depuis quelques années seulement en France. Les épreuves se déroulent sur des parcours d'obstacles de faible hauteur, où les juges apprécient la qualité technique et esthétique et non la performance sportive.

Il existe deux catégories d'épreuves :

- le **hunter équitation** où sont jugées la présentation du couple cavalier-cheval, l'attitude du cavalier agissant dans la plus grande discrétion, et l'harmonie du couple ;
- le **hunter style du cheval**, où sont jugés le modèle, les allures et l'aptitude du cavalier à franchir les obstacles en souplesse et en harmonie, dans un style parfait.

Le polo, une longue histoire...

Les Perses ont introduit ce jeu en Inde en 522 avant J.-C. lors des guerres de conquête de Darius Ier. À l'époque, ils l'appelaient chaugan, ce qui signifie en persan « masse-bâton ». Le mot polo viendrait, lui, du mot tibétain « pullu », du nom du bois avec lequel on fabrique les maillets. Dans la Chine ancienne, être habile à ce jeu donnait accès aux charges publiques !

À la fin du XIXe siècle, c'est au départ de l'Inde que le polo a pris le chemin de l'Occident ; les officiers anglais l'adoptèrent à la cour des maharadjahs et le ramenèrent en Angleterre. Aux États-Unis, vers les années 1900, âge d'or du polo outre-Atlantique, être un bon joueur n'était pas synonyme de réussite professionnelle, mais ouvrait de nombreuses portes.

Compétition de polo

Les règles de l'art

Le polo se pratique sur un terrain de 275 mètres sur 145. Au milieu de chaque largeur, de part et d'autre du terrain, deux piquets verticaux, distants l'un de l'autre de 7,5 m, figurent les buts.

Chacune des deux équipes est composée de 4 joueurs : le numéro un est spécifiquement un attaquant, son travail est de marquer un maximum de buts. Il est aussi chargé de surveiller le défenseur de l'équipe adverse. Le numéro deux est un joueur offensif, il est le deuxième attaquant de l'équipe, mais il a un travail défensif plus important puisqu'il surveille le numéro trois adverse. Le numéro trois est le créateur de l'équipe, il est chargé de transformer les actions défensives en mouvements offensifs. C'est en général le meilleur joueur de l'équipe qui occupe cette place. Le numéro quatre ou « back », doit éviter que les adversaires ne marquent des buts en envoyant la balle en avant par de longs dégagements. Chaque membre de l'équipe est titulaire d'un handicap de -2 à +10, qui mesure ses qualités de joueur.

Le but du jeu est de marquer des points en envoyant la balle entre les deux piquets de l'équipe adverse. Les parties se divisent en 4 périodes au minimum et 8 périodes au maximum, appelées « chukka ». Chaque « chukka » dure sept minutes et demie.

LES DIFFÉRENTES ROBES

Bai

Un cheval est dit bai lorsqu'il a des poils marrons et des crins noirs. Sa peau est noire et ses yeux sont foncés !

Alezan

Les alezans ont des poils fauves, des crins fauves et une peau assez claire mais pas rose !

Noir

Les chevaux de couleur noire ont les crins, la peau, les yeux et les poils noirs !

Souris

Le cheval souris a des poils gris et des crins presque noirs ! Sa peau est noire et ses yeux sont foncés.

Rouan

Le cheval rouan est bai aves des poils blancs plus ou moins nombreux. Lorsqu'il est alezan avec des poils blancs, on dit qu'il est aubère !

Gris

Le cheval gris a les couleurs de ses poils et de sa crinière qui sont mélangées : poils blancs et poils colorés. Il existe de nombreux gris différents ! C'est une robe qui change selon l'âge du cheval.

Alezan pie

Un cheval est dit pie lorsqu'il a une ou plusieurs taches blanches. Pour déterminer sa robe, on regarde la couleur des poils qui ne sont pas blancs. Celui-ci est alezan pie.

Alezan crin lavé

Les crins de ce cheval sont blonds et ses poils sont alezans.

Cremello

Le cheval cremello a la peau rose et les yeux bleus. Ses poils sont de couleur crème et ses crins sont blancs.

Palomino

Le palomino a des crins dorés, des poils fauves plus foncés que les crins et une peau noir !

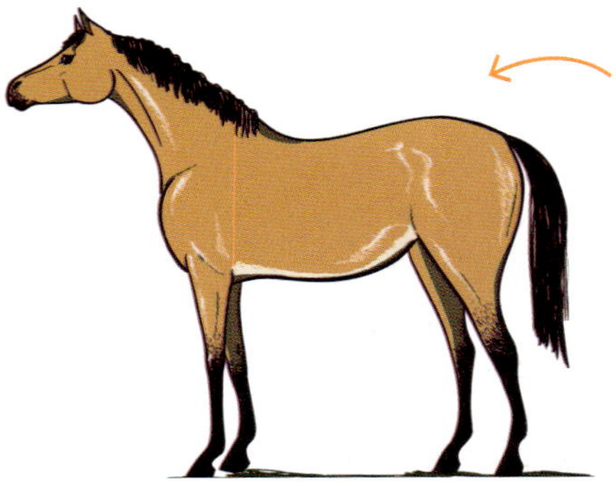

Isabelle

Les poils du cheval isabelle sont jaune sable tandis que ses crins et ses membres sont noirs !

Léopard

Le cheval léopard est blanc avec la peau rose. Son corps est recouvert de petites taches rondes claires ou foncées. On retrouve cette rive chez les chevaux américain Appaloosa.

CONCOURS DE BEAUTÉ

Parce qu'ils incarnent la puissance et la liberté, les chevaux font partie des animaux les plus appréciés et les plus respectés des hommes. Parmi eux, certains sont d'une beauté impressionnante.

L'Akhal-Téké

La robe aux reflets dorés de l'Akhal-Téké lui donne une allure magique. Il est considéré comme le plus beau cheval du monde. Originaire du Turkménistan, l'Akhal-Téké en est devenu le symbole. Ce magnifique animal s'approche de la perfection : il a la réputation d'être robuste et incroyablement rapide ! Toutefois, il est très rare, la race ne compte que quelques milliers d'individus.

Le Frison

Originaire des Pays-Bas, le Frison arbore une robe d'un noir très intense, cette couleur singulière lui a valu le surnom de «perle noire ». Son élégance hors-pair et son tempérament équilibré ont fait de lui un artiste, il est particulièrement apprécié pour le spectacle, et même pour le cinéma.

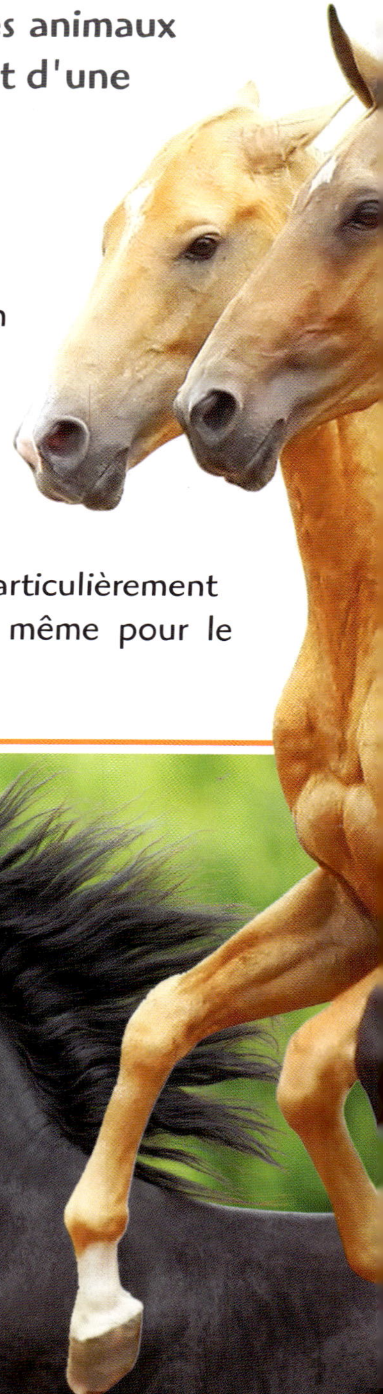

L'Appaloosa

La robe tachetée de l'Appaloosa lui donne beaucoup d'originalité, et parfois une allure très étonnante. C'est un cheval robuste et élégant. Les taches peuvent être disposées de différentes façons sur sa robe, par exemple en se concentrant à certains endroits, donnant parfois à l'animal une allure surprenante.

Le Paint Horse

Originaire d'Amérique du Nord et souvent utilisé par les Indiens, Le Paint Horse est en fait un Quarter Horse de couleur. Il se distingue par sa robe pie. C'est un cheval plutôt docile, agile dans de nombreux domaines.

Le Fjord

Ce petit cheval de trait originaire de Norvège se distingue par sa robe isabelle, facilement identifiable. Sa crinière bicolore étant taillée en brosse la plupart du temps, le Fjord se reconnaît facilement.

Le Knabstrup

Originaire du Danemark, ce cheval à la robe tachetée est très apprécié pour sa couleur mais également pour son tempérament particulièrement facile à vivre. Aussi connu sous le nom de « cheval-tigre », c'est un cheval aux nombreuses qualités.

Le Pur-sang arabe

Sa tête osseuse et sa queue relevée donnent toute son originalité au Pur-sang arabe. Ce cheval à la silhouette élégante fait partie des races les plus anciennes : on retrouve sa trace jusqu'en Mésopotamie, le berceau du Moyen-Orient.

Le Mustang

Ancré dans l'imaginaire du western, le Mustang est un cheval sauvage originaire d'Amérique du Nord qui incarne la fougue et la liberté. Il est très agile et incroyablement intelligent.

Le Rocky Mountain Horse

Sa robe bai-brun foncé est associée à une crinière et à une queue de couleur pâle, il a donc un aspect très original. C'est un cheval des montagnes rocheuses. Le Rocky Mountain Horse est un cheval de taille moyenne, mais c'est un animal robuste, capable d'une étonnante résistance à des températures très basses.

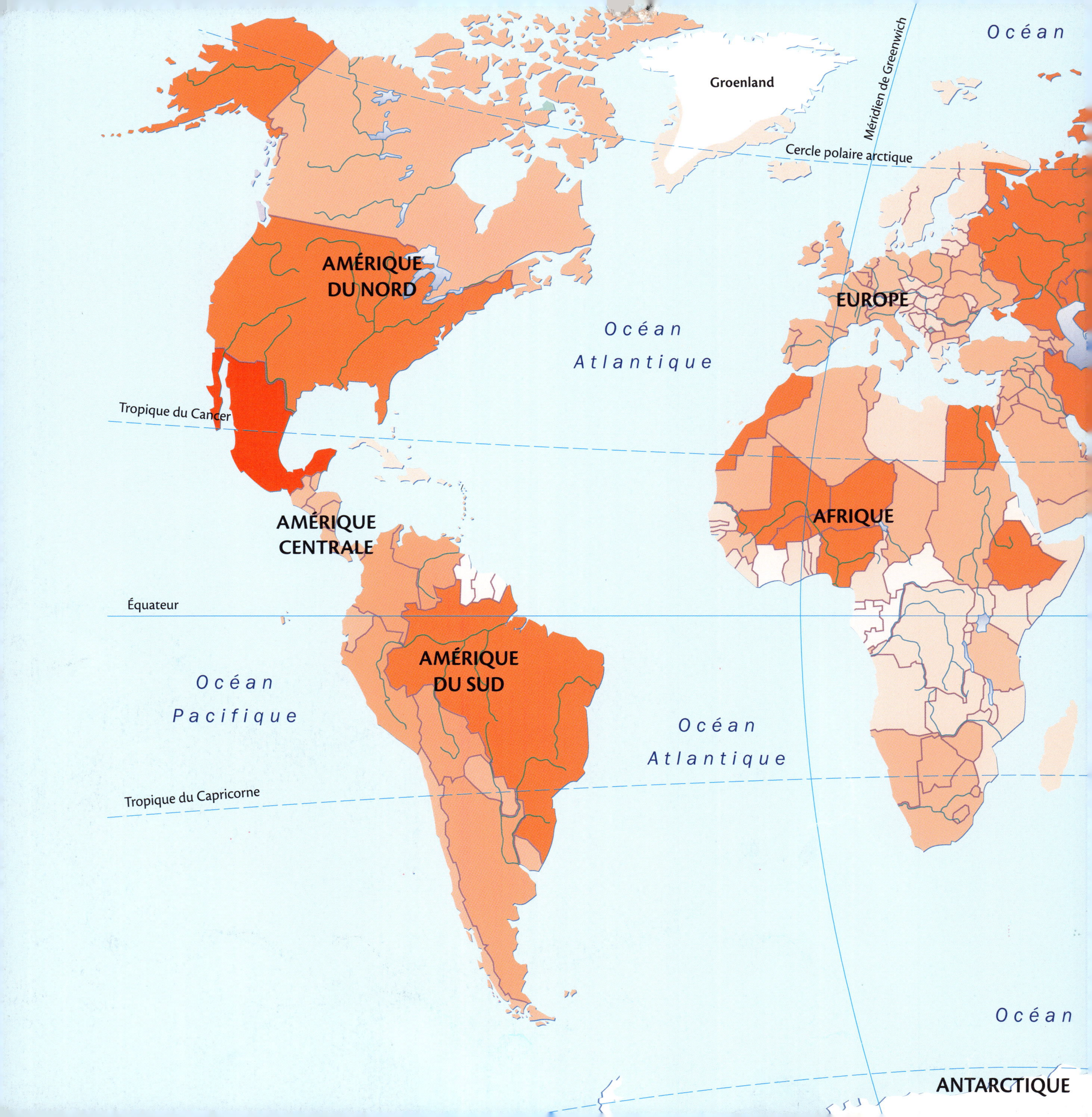

Océan
Groenland
Méridien de Greenwich
Cercle polaire arctique
AMÉRIQUE DU NORD
EUROPE
Océan Atlantique
Tropique du Cancer
AFRIQUE
AMÉRIQUE CENTRALE
Équateur
AMÉRIQUE DU SUD
Océan Pacifique
Océan Atlantique
Tropique du Capricorne
Océan
ANTARCTIQUE

RÉPARTITION MONDIALE DE LA POPULATION D'ÉQUIDÉS

Nombre d'équidés
0 - 100 000
100 000 - 1 000 000
1 000 000 - 5 000 000
5 000 000 - 10 000 000
10 000 000 - 17 000 000

COUP D'OEIL

LA DOMESTICATION
A EU LIEU ENTRE
-3700 ET -3000
AVANT J.-C.
EN ASIE CENTRALE
SUR LE TERRITOIRE DE L'ACTUEL KAZAKHSTAN

LA GESTATION
DES JUMENTS
DURE
335-340
JOURS

LE CHEVAL

VENDU LE PLUS CHER
40 MILLIONS DE DOLLARS
ÉTAIT UN ÉTALON
PUR-SANG ANGLAIS
NOMMÉ
SHAREEF DANCER

LE RECORD DE LONGÉVITÉ EST DE
60
ANS

LE PLUS GRAND :
CHEVAL DE TRAIT BELGE

- **TAILLE** - 1.98 m
- **POIDS** - 1451 kg

LE PLUS PETIT :
PONEY FALABELLA

- **TAILLE** - 35.5 cm
- **POIDS** - 9.07 kg

LA DURÉE DE VIE MOYENNE D'UN CHEVAL EST DE
30 ANS

LA TAILLE DU CHEVAL

Les chevaux sont traditionnellement mesurés en "mains", ce qui était à l'origine la taille de la main d'un homme et a été fixé à quatre pouces. Le point de mesure est le garrot.

67 CHEVAUX PARTICIPENT À UN MATCH DE POLO

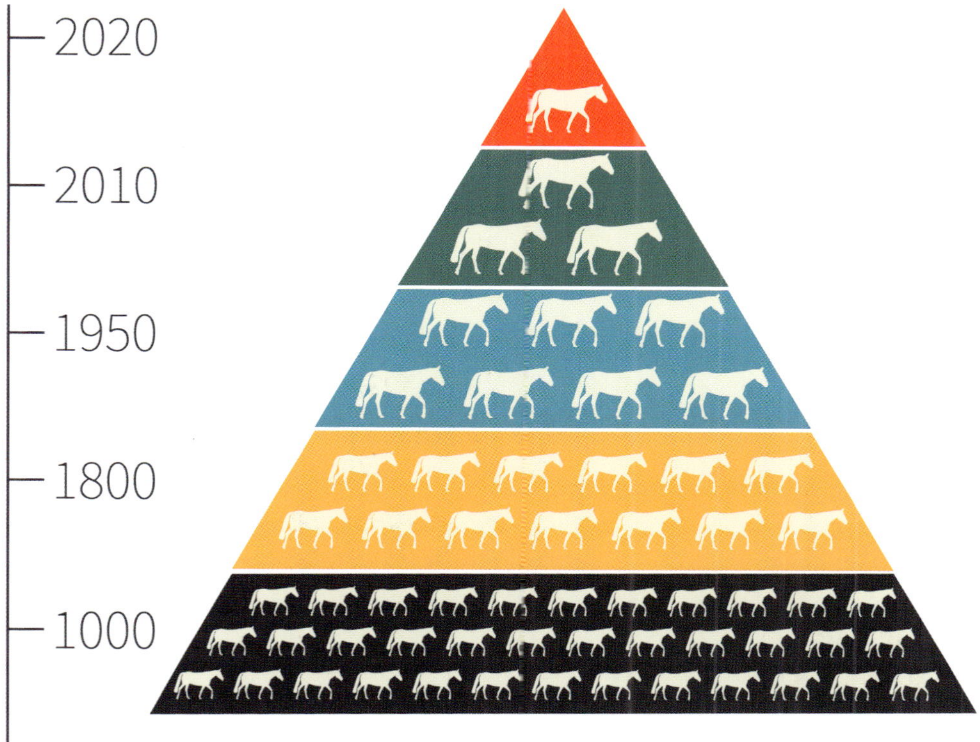

LA POPULATION DE CHEVAUX SAUVAGES

3 294 390 ÉCURIES DANS LE MONDE

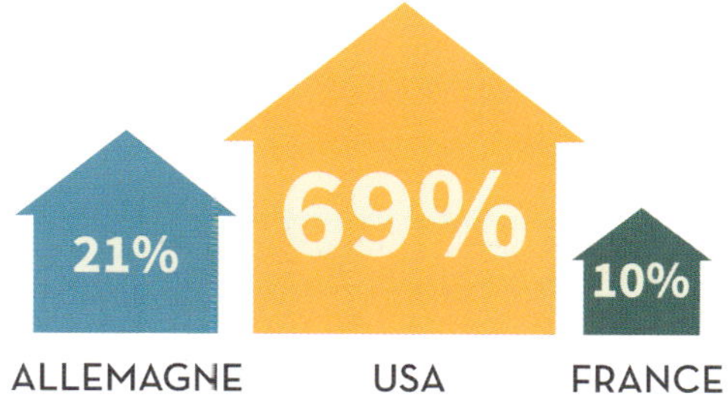

15 ANS

C'est en moyenne le temps que met un cavalier pour obtenir sa première médaille.

LES PROPRIÉTAIRES DE CHEVAUX

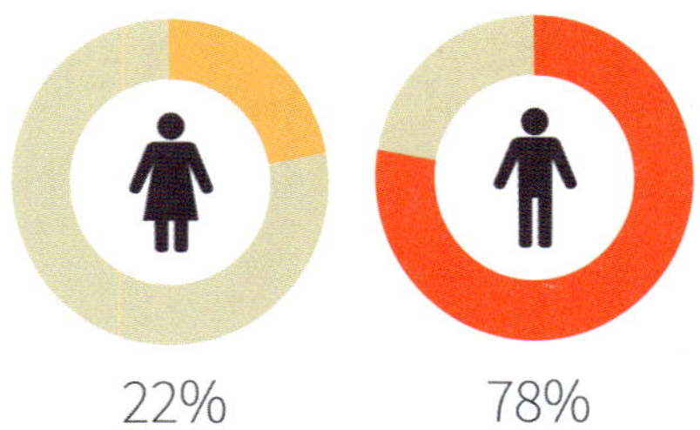

216 ÉVÉNEMENTS ÉQUESTRES À TRAVERS LE MONDE

LE DICO

Débourrage, pansage, assiette... On utilise en équitation des mots qui n'ont pas le sens que nous leur donnons d'habitude.
Voici un petit dictionnaire pour parler cheval couramment !

A

AIDES : on appelle aides ce qui permet au cavalier de transmettre différentes indications à son cheval. Les aides du cavalier sont principalement les jambes, les mains et la voix.

ALLURES : le pas, le trot, le galop sont les allures naturelles du cheval. Il s'agit de sa façon de se déplacer.

AMAZONE : en équitation, « monter en amazone » signifie chevaucher avec les deux jambes du même côté du cheval.

ANTÉRIEURS : les membres antérieurs, souvent appelés « les antérieurs », sont les jambes avant du cheval.

ARRIÈRE-MAIN : c'est la région du corps située en arrière du cavalier, comprenant la croupe et les membres postérieurs.

ASSIETTE : c'est la manière de se tenir sur le cheval et l'aptitude à le guider. Lorsque l'équilibre est satisfaisant, on dit que l'on a une « bonne assiette ».

AVANT-MAIN : c'est la partie située en avant du cavalier, elle comprend la tête, l'encolure, le garrot et les membres antérieurs du cheval.

B

BAI : le bai est, dans le domaine de l'hippologie, l'une des couleurs de robes les plus fréquentes chez le cheval.

BARRES : il s'agit de l'espace situé dans la bouche du cheval entre les incisives et les molaires, dans lequel il n'y a pas de dents. C'est aussi la place du mord.

BATTUE : on désigne ainsi le bruit que produit le sabot en se posant sur le sol.

BOTTER : lorsqu'un cheval lance en arrière ses deux postérieurs, on dit qu'il « botte ».

BOUCHON : c'est une brosse assez dure qui sert à nettoyer le cheval, elle est surtout efficace pour enlever la boue de ses poils.

C

CABRER (SE) : lorsqu'un cheval se dresse sur ses deux antérieurs, on dit qu'il « se cabre ».

CARRIÈRE : c'est un espace extérieur, fermé avec des barres, qui est consacré au travail du cheval avec un moniteur.

CARROSSIER : il s'agit d'un cheval d'attelage puissant, élégant, intermédiaire entre le cheval de selle et le cheval de trait. Il était autrefois utilisé pour tirer des carrosses et des diligences.

CHAMBRIÈRE : c'est un fouet à long manche que l'on utilise quand on fait travailler un cheval à la longe.

CLOCHES : ce sont des protections en caoutchouc que l'on glisse autour du sabot du cheval.

COB : on appelle ainsi un cheval plutôt trapu, aux membres courts, au corps arrondi, pouvant porter un cavalier lourd ou être attelé à une voiture légère.

D

DÉBOURRAGE : c'est le début du dressage du jeune cheval, période où on l'habitue a travailler avec un harnachement, ensuite avec un cavalier.

DÉGARROTTER : on dégarotte lorsqu'on décolle le tapis de la selle au niveau du garrot pour ne pas le comprimer.

E

ENTIER : un cheval entier est un cheval non castré. Le cheval castré est appelé « hongre ».

EPERON : c'est une pièce de métal terminée par une pointe et fixée sur le talon du cavalier pour faire obéir le cheval.

ETALON : on appelle ainsi un cheval mâle que l'on réserve a la reproduction et qui n'a pas été castré.

F

FILET : c'est l'ensemble des brides, composé d'un mors et de rênes, que l'on fixe sur la tête du cheval pour pouvoir le diriger.

FOURCHETTE : le mot désigne a partie sensible en forme de triangle située sous le pied du cheval.

H

HARAS : c'est le lieu où sont élevés des étalons et des juments.

HARDE : on appelle ainsi un troupeau de chevaux sauvages, le mot s'applique aussi à d'autres espèces animales : on appelle par exemple une harde un troupeau d'éléphants.

L

LICOL : c'est l'ensemble de brides que l'on passe sur la tête du cheval pour y attacher une longe.

LONGE : c'est la corde que l'on relie au licol, elle sert à attacher le cheval ou à le conduire.

M

MARTINGALE : fixée à la muserolle ou aux rênes, la martingale empêche le cheval de lever trop la tête.

MUSEROLLE : c'est la partie du filet qui renforce l'action du mors.

P

PANSAGE : on désigne par ce mot l'entretien d'un cheval par diverses actions de brossage et de nettoyage. Il s'agit de prendre soin de l'animal autant que de le nettoyer.

PARE-BOTTE : c'est la partie en bois qui entoure la piste d'un manège. Elle est souvent inclinée.

POMMEAU : La partie en forme d'arcade sur le devant de la selle, le cavalier peut s'y tenir en mettant une main dessus.

POSTÉRIEUR : on appelle les « postérieurs » les jambes arrière du cheval.

R

ROBES : la couleur des poils et des crins du cheval constitue sa robe.

ROND : on dit qu'un cheval est rond quand son attitude est harmonieuse et fluide.

REPRISE : il s'agit d'une séance de travail en manège avec un moniteur.

S

SALIÈRE : c'est le petit creux situé au-dessus de chaque œil du cheval.

SANGLER : c'est l'action de serrer la sangle, qui sert à fixer la selle.

T

TOUPET : c'est la petite touffe de crin que le cheval a sur le sommet de la tête, qui peut former comme une frange.

TROUSSEQUIN : désigne la partie relevée à l'arrière de la selle.

Z

ZAIN : il s'agit de l'absence totale de poils blancs sur la robe d'un cheval.

PAPIER À BASE DE
FIBRES CERTIFIÉES

LAROUSSE s'engage pour l'environnement en réduisant l'empreinte carbone de ses livres. Celle de cet exemplaire est de :
1,8 kg éq. CO_2
Rendez-vous sur www.larousse-durable.fr

Imprimé en Espagne par Estella Graficas
Dépôt légal : avril 2021 – 328690 / 02
N° de projet : 11049966 – février 2022